Heidi Strobl

Dinner for One

15-Minuten-Rezepte
für eine Person

Heidi Strobl

Dinner for One

15-Minuten-Rezepte für eine Person

Amalthea

Inhalt

Inhalt

Inhalt

Dinner for Me

von Peter Rabl

Eigentlich hätte Heidi Strobl an mich denken können, als sie vor 7 Jahren in der Kurier-Freizeit ihr »Dinner for One« startete: Wochentags-Single, neugieriger Genießer, mäßig begabter Freizeit-Koch.
Ich nutzte jedenfalls von Anfang an immer wieder einen ihrer bisher erschienenen rund 350 Tipps für ein »Dinner for Me«, oder meist für meinen Lunch.
Nicht nur, weil die Einzelrezepte immer fein klingen – und meist auch gelingen. Auch, weil Heidis Grundrezept so bestechend ist: Frische, leicht erhältliche saisonale Zutaten, höchstens 15 Minuten Zeitaufwand und am Ende auch noch möglichst wenig gebrauchtes Geschirr.
Mein bisher verheimlichter Zusatz-Nutzen: »Dinner for One« war und ist auch eine feine kleine Kochschule. Mit dem großen Vorteil, dass niemand ein gelegentliches Scheitern miterleiden muss.
Diese endlich (!) vorliegende Sammlung für alle Jahreszeiten als ganz spezielles Kochbuch wird mein kulinarisches Leben zusätzlich bereichern und erleichtern. Für ein, zwei Jährchen wird mir das wohl als Anregung genügen.
Zeit genug für Heidi, schon den zweiten Band vorzubereiten. Just for me. Und für gewiss viele Tausende weiterer Dinner-Fans.

Ihr Peter Rabl

Sehr geehrte Frau Strobl,

herzlichen Dank für Ihre wunderbaren Rezepte, von denen ich schon viele mit Erfolg nachgekocht hab. Toll find ich auch die »Dinner for One«-Idee. Ich hätte gern, dass meine 80-jährige allein lebende Mutter bzw. mein studierender Sohn sich g'scheit ernähren, und wollte wissen, ob es dies in Buchform gibt, zum Verschenken. Sollten Sie noch kein Buch daraus gemacht haben, darf ich Sie herzlich ermuntern, dies zu tun … und mir in der Zwischenzeit einen Tipp zu geben, welches andere Kochbuch für eine Person Sie mir empfehlen könnten. Einfach soll es sein und gut schmecken, genauso, wie Sie es in der Freizeit immer bringen.

Mit herzlichem Dank und lieben Grüßen
Petra Beckmann

Für alle, die auch alleine gut essen möchten

von Heidi Strobl

Natürlich liebe ich sie auch, die Familienessen, bei denen sich der lange Tisch unter der Last der großen Schüsseln biegt und vergnügte Menschen gemeinsam genussvolle Stunden verbringen. Aufgewachsen in einem Wiener Wirtshaus mit Weinviertler Bauernwurzeln, gehörte dieses Bild auch durchaus zum Alltag meiner Kindheit. Heute entspricht es aber nicht mehr meiner Realität, und auch nicht der Realität unserer Gesellschaft. Rund ein Drittel der österreichischen Haushalte wird von nur einer Person bewohnt. Dazu kommen noch all die Teilzeit-Singles wie Selbstständige mit Home-Office oder Karenz-Eltern, die zumindest eine Mahlzeit pro Tag mit sich selbst verbringen.

Für alle, die auch alleine gut essen möchten – von der Schülerin bis zum Pensionisten –, entwickle ich laufend »Dinner for One«-Rezepte. Einfache Speisen, von Hausmannskost bis Asia-Wok, frische Lebensmittel, kurze Einkaufsliste, maximal 15 Minuten Zeitaufwand. Je nach Jahreszeit nährend, wärmend oder erfrischend leicht. Jedenfalls immer so, dass eine Person damit satt und zufrieden wird.

Ich will zeigen, dass es auch für eine Person Sinn macht, frisch Gekochtes auf den Tisch zu bringen. Klar kann daraus auch ein »Dinner for 2« oder ein »Lunch for 4« entstehen – Zutaten zu multiplizieren ist einfach, sie sinnvoll zu halbieren oder zu vierteln hingegen meist unmöglich.

All die begeisterten Zuschriften meiner LeserInnen haben mich dazu gebracht, meine Lieblingsrezepte aus meiner Kurier-Freizeit-Kolumne zu diesem Buch zusammenzufassen.

Viel Spaß damit!

Ihre Heidi Strobl

Frühling

Schnelle Kohlrabisuppe

Zutaten:
1 Kohlrabi
1 großer Erdapfel
10 cm Lauch
1 TL Olivenöl
1 EL Butter
Muskatnuss
1 Scheibe Bauchspeck
2–3 Ästchen Petersilie
Salz, Pfeffer
Obstessig

Mit Hühner- oder Gemüsesuppe aufgegossen schmeckt's natürlich noch besser

Kohlrabi und Erdapfel schälen und grob raffeln. Lauch in feine Ringe schneiden, in Butter-Öl-Gemisch anschwitzen. Das Gemüse dazugeben, durchrühren, mit ca. 300 ml Wasser aufgießen, mit Muskatnuss, Pfeffer und Salz würzen, 5 Minuten köcheln lassen. Mit 1–2 Tropfen Essig abschmecken. Petersilie und die zarten Blätter des Kohlrabi fein hacken, zum Schluss unterrühren. Speck würfeln und in einer Pfanne knusprig braten. Suppe in einem tiefen Teller anrichten, Speckwürfel darüber streuen.

1 Topf, 1 kleine Pfanne, Reibe
15 Minuten
Ca. 390 kcal

Kokossuppe

mit Garnelen

Zitronengras schräg in 3–4 Stücke zerschneiden und anquetschen. Öl und Currypaste kurz und unter ständigem Rühren in einem Topf anschwitzen, mit Wasser und Kokosmilch aufgießen. Zitronengras und Ingwer dazugeben, 5 Minuten köcheln lassen. Erbsenschoten putzen, längs in feine Streifen schneiden. Garnelen wenn nötig schälen, den Darm entfernen, waschen. Garnelen und Erbsenschoten in die Suppe geben, nochmals 2 Minuten köcheln lassen, mit Fischsauce (ersatzweise Salz) und Limettensaft abschmecken. Mit Korianderblättchen bestreuen.

1 Topf
12 Minuten
Ca. 340 kcal

Zitronengras und Ingwer machen viel Geschmack, werden aber nicht mitgegessen. Vorgekochte Garnelen nicht mitgaren, sondern erst zum Schluss zugeben und kurz in der Suppe aufwärmen

Zutaten:

1 Stiel Zitronengras
1 TL Öl
1–2 TL rote Currypaste
150 ml Kokosmilch
150 ml Wasser
1 Scheibchen frischer Ingwer
1 Handvoll Erbsenschoten
4 rohe Riesengarnelen
1 TL Fischsauce
1 TL Limettensaft
Koriandergrün

Brotsuppe
mit Kräutern und Ei

Die Suppe aufkochen und ein paar Tropfen Essig hinzufügen. Das Ei in eine kleine Schüssel aufschlagen. Die Suppe umrühren, sodass ein Kreisel entsteht. Das Ei hineingleiten lassen – durch die Bewegung der Suppe legt sich das Eiweiß um den Dotter.
Die Brotscheibe in heißem Olivenöl beidseitig anbraten und in einen Suppenteller legen. Das Ei aus der Suppe auf die Brotscheibe heben. Die Kräuter in die Suppe streuen, umrühren und die Suppe über das Ei gießen. Salzen und pfeffern.

1 kleiner Topf, 1 Pfanne
8 Minuten
Ca. 290 kcal

Zutaten:

1/3 l Rinds- oder Hühnersuppe (am besten selbstgemacht und portionsweise eingefroren)
1 Scheibe altbackenes Brot
1 TL Olivenöl
Salz, Pfeffer
3 EL frische, gehackte Kräuter (Bärlauch, Petersilie, Schnittlauch, Brennnessel, Liebstöckel etc.)
1 sehr frisches Ei
Obstessig

Je frischer das Ei, desto dichter legt sich das Eiweiß um den Dotter

Erbsensuppe
mit Ziegenkäse und Croutons

Schalotte schälen und fein würfeln. In 1 EL Butter glasig schwitzen, mit der Hühnersuppe aufgießen. Erbsen dazugeben, kurz kochen lassen – wer Minze mag, gibt jetzt die frische Minze dazu –, dann mit einem Pürierstab mixen. Mit Salz und Pfeffer abschmecken. Eine Scheibe Schwarzbrot in dünne Streifen schneiden, in Butter knusprig braten und salzen. Suppe in einem tiefen Teller anrichten, geröstetes Brot und kleine Stücke Ziegenkäse darauf verteilen.

1 Topf, 1 kleine Pfanne, Pürierstab
10 Minuten
Ca. 400 kcal

Auch eisgekühlt schmeckt die Suppe gut: einfach tiefgekühlte Erbsen in die kalte Suppe mixen. Als Einlage passen dann kleine, vorgegarte Shrimps

Zutaten:

150 g Erbsen (TK)
¼ l Hühnersuppe (am besten selbstgemacht und portionsweise eingefroren)
1 Schalotte
Butter
Salz, Pfeffer
50 g Ziegenfrischkäse
Schwarzbrot
evtl. ein paar Blättchen frische Minze

Frühlingssalat

mit Schafkäse und Honig

Zutaten:

1 Schafkäsegupferl
je ein paar Blätter Sauerampfer, Giersch, Minze, Häuptelsalat
1–2 Radieschen
2 EL Verjus (ersatzweise milder Essig)
2 EL Nussöl
2 EL Honig
Salz, Pfeffer

Verjus ist der Saft unreifer Trauben, den man neuerdings bei etlichen Winzern angeboten bekommt. Z. B. bei Barbara Öhlzelt, Kamptal

Blätter waschen und trockenschütteln und auf einem tiefen Teller verteilen. Radieschen waschen, putzen, achteln und dazulegen. Schafkäse in die Mitte setzen. Verjus mit Öl und Honig sowie mit je einer Prise Salz und frisch gemahlenem Pfeffer mit einem Schneebesen cremig rühren, Salat und Käse damit beträufeln. Alternativ: Kürbiskernöl statt Nussöl, und frisch geröstete, gesalzene Kürbiskerne darüberstreuen.

1 tiefer Teller, Schneebesen
5 Minuten
Ca. 390 kcal

Erdäpfel-Spargel-Gröstl

Basilikumpesto gibt's in guter Qualität zu kaufen und hält sich geöffnet im Kühlschrank mehrere Wochen, wenn man es immer wieder mit gutem Olivenöl bedeckt

Zutaten:

150 g heurige Erdäpfel
3 Stangen weißer Spargel
ein kleiner Bund Rucola
Salz, Pfeffer
Zucker
Sonnenblumenöl
Basilikumpesto

Die Heurigen mit der Schale in 3 mm dicke Scheiben schneiden und in 1 EL Öl in einer beschichteten Pfanne goldgelb braten, mit Salz und Pfeffer würzen. Den Spargel großzügig schälen, harte Enden wegschneiden, Stangen in 3 mm dicke Scheiben schneiden, die Spitzen ganz lassen. In einer Pfanne in ganz wenig Öl anschwitzen, mit Salz und Zucker würzen, mit 1 EL Wasser ablöschen, Deckel darauf und 5 Minuten bissfest garen. Eventuell entstandene Flüssigkeit abgießen. Spargel zu den Heurigen geben, grob gehackten Rucola dazu, nochmals durchschwenken, etwas Pesto darüberträufeln.

2 Pfannen
15 Minuten
Ca. 350 kcal

Frischkäsenockerl

auf Brennnesselspinat

Zutaten:

175 g Frischkäse Doppelrahmstufe Natur
20 g griffiges Mehl
½ Bio-Zitrone
1 Ei
Butter
1 EL Semmelbrösel
Salz, Pfeffer
2 Handvoll junger Brennnesselspitzen
1 Knoblauchzehe

In einem großen und einem kleinen Topf 10 cm hoch Wasser zustellen. 20 g Butter schmelzen. Schale der Zitrone abreiben, anschließend Zitrone auspressen. Frischkäse, Mehl, Zitronenschale und -saft, Ei, geschmolzene Butter, Brösel und Salz glatt verrühren. Aus der Masse mit einem nassen Löffel Nockerl stechen, ins kochende Wasser des großen Topfs geben und 5 Minuten ziehen lassen. Brennnessel im kleinen Topf kurz blanchieren und abseihen. Knoblauch schälen und anquetschen, in etwas Butter anschwitzen, Brennnesselspinat hinein, salzen, pfeffern. Nockerl auf dem Spinat anrichten und mit etwas sanft gebräunter Butter beträufeln.

1 großer und 1 kleiner Topf, 1 Pfanne, 1 Schüssel, Reibe
15 Minuten
Ca. 520 kcal

Brennnessel pflückt man am besten im April/Mai und verwendet nur die zarten, jungen Triebe bzw. Triebspitzen

Spargel

mit Vinaigrette

Kochwasser zustellen. Spargel großzügig schälen. Wasser mit je einer Prise Salz und Zucker versetzen, Spargel einlegen, je nach Dicke der Stangen 8–12 Minuten sanft garen. Inzwischen Paprika und Chili klein würfeln, Jungzwiebel in feine Ringe schneiden. In einer Schüssel Essig, beide Öle, Honig und 1 EL vom Spargelkochsud verrühren, das Gemüse und 2 EL Korianderblättchen untermischen. Spargel aus dem Sud heben, auf einen Teller legen, die Vinaigrette darüber verteilen. Lauwarm essen.

1 Topf, 1 Schüssel
15 Minuten
Ca. 290 kcal

Traubenkernöl gibt einen interessanten, nussigen Geschmack, muss aber nicht unbedingt sein

Zutaten:

500 g weißer Spargel
½ roter Paprika
5 cm grüner Chili
1 Jungzwiebel
frischer Koriander
2 EL weißer Balsamessig
1 EL Traubenkernöl
1 EL Olivenöl
1 TL Honig
Salz
Zucker

Bärlauchpalatschinken

mit Ziegenkäse

Statt Ziegenkäse passt auch Creme fraîche

Zutaten:

1 Ei
1/8 l Milch
3 gehäufte EL glattes Mehl
Salz, Pfeffer
1 Handvoll Bärlauch
Butter
2 EL Ziegenfrischkäse
(z. B. Chavroux)
1–2 Radieschen

Ei aufschlagen und mit der Milch verrühren. Mit Mehl und einer Prise Salz zu einem glatten Teig verschlagen. Bärlauch waschen, trockentupfen, grob schneiden und unter die Masse heben. Butter in einer Pfanne zerlassen. Die Hälfte des Teiges mit einem Löffel hineingießen, stocken lassen, wenden, auf der zweiten Seite fertigbacken und auf einen Teller gleiten lassen. Aus dem restlichen Teig eine weitere Palatschinke backen. Mit Ziegenkäse bestreichen, pfeffern, einrollen. Radieschen waschen und in Streifen schneiden, darüberstreuen.

1 Rührschüssel, 1 beschichtete Pfanne
10 Minuten
Ca. 480 kcal

Artischocken-Brot-Salat

Für Bequeme gibt's bei Spar tiefgefrorene, geviertelte Artischocken im Beutel

Zutaten:

3–4 kleine Artischocken
1 Schalotte
3 EL Balsamessig
1 TL Honig
1 Stiel Thymian
1 TL Kapern
3 EL Olivenöl
Salz, Pfeffer
1 dicke Scheibe Weißbrot
1 Handvoll Kirschparadeiser
frische Kräuter

Schalotte schälen, grob würfeln. Artischocken putzen und vierteln. Essig und Honig in einer Pfanne erhitzen, Thymian dazugeben, Schalotte und Artischocken darin zugedeckt 7–8 Minuten weichdünsten, dabei die Flüssigkeit eventuell mit 2–3 EL Wasser ergänzen. Vom Feuer nehmen, Kapern und 2 EL Öl unterrühren und pfeffern. Brot in 1–2 cm große Würfel schneiden, in 1 EL Olivenöl unter Wenden knusprig braten, salzen. Paradeiser halbieren, Kräuter zerkleinern, alles unter die lauwarmen Artischocken heben.

2 Pfannen
15 Minuten
Ca. 450 kcal

Kaspressknödel

Zutaten:
80 g Semmelwürfel
(1 ½ altbackene Semmeln)
50 ml heiße Milch (7–8 EL)
1 Schalotte
1 EL Butter
Petersilie
1 Ei (M)
Salz
1 EL Mehl
50 g Bergkäse
Öl

Statt Semmeln kann man altbackene Laugenstangerl oder -brezeln verwenden

Semmelwürfel in eine Schüssel geben und mit der Milch vermischen. Schalotte schälen und fein würfeln, in der Butter glasig anschwitzen, unter die Semmelwürfel heben. Dann noch das verquirlte Ei, 1 EL gehackte Petersilie, das Mehl, eine Prise Salz und den grob geriebenen Käse dazugeben. Die Masse gut verkneten und kurz rasten lassen. Etwas Öl in einer Pfanne erhitzen, aus der Masse Laibchen formen und beidseitig bei milder Hitze goldbraun knusprig braten. Dazu Blattsalat.

1 beschichtete Pfanne, 1 Schüssel
15 Minuten
Ca. 590 kcal (ohne Salat)

Blattspinat
mit Ei und Currysauce

Die Currysauce wird mit fettem, griechischem Joghurt am besten

Zutaten:
1 Schalotte
1 Knoblauchzehe
200 g zarte Spinatblätter
Salz, Pfeffer
2 Eier (S)
Butter
2 EL Naturjoghurt
Dijonsenf
Currypulver

Spinat waschen und gut abtropfen lassen. Zwiebel und Knoblauch schälen, fein schneiden und in 1 EL Butter in einer eher kleinen Pfanne anschwitzen. Spinatblätter dazugeben und zusammenfallen lassen. Mit Salz und Pfeffer würzen. Eier aufschlagen und auf den Spinat gleiten lassen. Zugedeckt 3–4 Minuten garen. Joghurt mit Salz, Pfeffer, 1 Msp. Senf und einer Prise Curry verrühren. Sauce auf Ei und Spinat verteilen, am besten gleich aus der Pfanne essen.

1 Pfanne
10 Minuten
Ca. 350 kcal

Gebratener grüner Spargel

mit Mozzarella

Spargel im unteren Drittel schälen, harte Enden wegschneiden. 1 EL Olivenöl in einer Pfanne erhitzen, Spargel darin behutsam braten, bis er zart gebräunt und noch leicht knackig ist. Den Mozzarella mit den Fingern in grobe Stücke reißen und auf dem heißen Spargel verteilen. Das restliche Olivenöl mit dem Saft der Limette und je einer Prise Salz, Zucker und Pfeffer versprudeln und darüberträufeln.

1 Pfanne
10 Minuten
Ca. 480 kcal

Zutaten:

300–400 g grüner, nicht allzu dicker Spargel
1 kleine Kugel Büffelmozzarella
2 EL Olivenöl
Salz, Pfeffer
Zucker
1 Limette

Frischen Spargel erkennt man an seinen saftigen Enden bzw. Schnittstellen

Pasta
mit knusprigem Salbei

Einen Liter Wasser zustellen, zum Kochen bringen, salzen, die Nudeln darin laut Packungsanweisung bissfest kochen. Oliven gegebenenfalls entkernen und in Stücke schneiden. 1 EL Butter und 1 TL Öl in einer kleinen Pfanne erhitzen, die Salbeiblätter darin knusprig braten, dann zart salzen. Die Nudeln abgießen, in den Topf zurückgeben, mit 2 EL Ricotta und den Oliven locker vermischen. Nudeln auf einem Teller anrichten, Salbeiblätter darauf verteilen, Salbeibutter darüberträufeln, mit frisch geriebenem Parmesan bestreuen.

1 Topf, 1 Pfanne
15 Minuten
Ca. 590 kcal

Statt Rigatoni passen auch Gnocchi gut

Zutaten:
120 g Rigatoni
ca. 10 Salbeiblätter
3–4 schwarze Oliven
2 EL Ricotta
Parmesan
Olivenöl
Butter
Salz

Garnelen-Sandwich

mit Kresse und Basilikum-Mayo

Zutaten:

3–4 große, gekochte, geschälte Garnelen (oder 6–8 kleinere)
frisches Basilikum
2 EL Mayonnaise
Zitronensaft
Salz, Pfeffer
Cayennepfeffer
2 Scheiben Weißbrot (oder Toastbrot)
Butter
1 Kästchen Kresse
evtl. Erdäpfelchips

Kalorienärmer wird's, wenn man 1 EL Mayonnaise durch 1 EL Joghurt ersetzt und die Chips weglässt

Circa die Hälfte der Garnelen grob hacken, den Rest ganz lassen. Mayonnaise mit relativ viel grob gehacktem Basilikum, einem Spritzer Zitronensaft, Salz, Pfeffer und Cayenne verrühren, dann die gesamten Garnelen damit vermischen. Brot mit Butter bestreichen. Die Hälfte der Kresse auf dem Brot verteilen, die Garnelenmayonnaise darauf verteilen, den Rest der Kresse oben daraufstreuen, mit der zweiten Brotscheibe abdecken, leicht zusammendrücken, diagonal zweimal durchschneiden. Dazu: Erdäpfelchips.

1 Schüssel
5 Minuten
Ca. 450 kcal (ohne Chips)

Junge Matjes

und heurige Erdäpfel

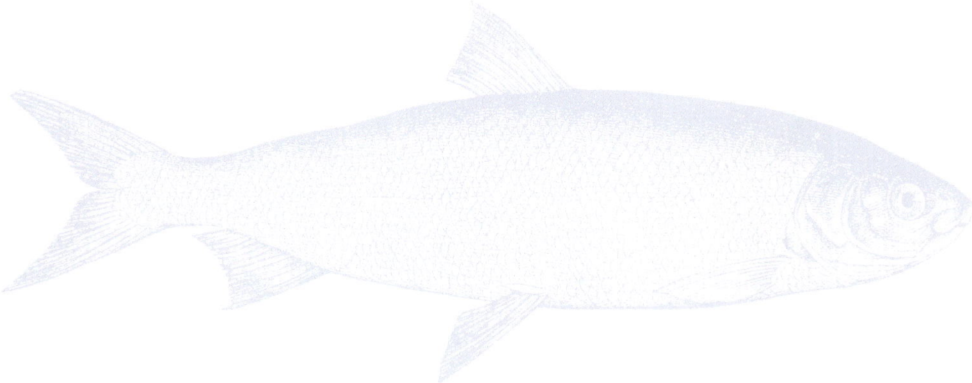

Erdäpfel waschen und mit heißem Wasser zustellen. Ca. 10 Minuten zugedeckt kochen, Wasser abgießen, Erdäpfel im zugedeckten Topf ausdampfen lassen. Gurke klein würfeln, Zwiebel in Ringe schneiden, Dille hacken, alles mit dem Sauerrahm verrühren. Mit Salz, Pfeffer, Koriander, Senf und einer Prise Zucker würzen, 2 EL gehackte Dille unterheben. Kalten Matjes mit Salat und den heißen Erdäpfeln anrichten.

Ein klein gewürfelter, saurer Apfel passt auch noch gut in den Salat

1 Topf, 1 Schüssel
15 Minuten
Ca. 430 kcal

Zutaten:

1–2 junge Matjesheringe
1 Handvoll kleine, heurige Erdäpfel
1 Minigurke
1 Jungzwiebel
½ Becher Sauerrahm
Salz
Zucker
weißer Pfeffer
gemahlener Koriander
frische Dille
1 Msp. Dijonsenf

Forelle blau

mit Zitronenbutter

Zutaten:

1 frische Forelle
Butter
1 Bio-Zitrone
1 Jungzwiebel
1 Lorbeerblatt
Weinessig
Salz
Pfefferkörner

Nur wirklich frische Forellen haben die schleimige Schutzschicht, die sich beim Kochen bläulich verfärbt

In einem breiten Topf ca. 1 l Wasser zustellen. Lorbeerblatt, 1 EL Essig, Salz und ein paar Pfefferkörner hinzufügen. Jungzwiebel putzen, in Ringe schneiden, die weißen Teile in den Topf geben. Den Fisch waschen und, sobald das Wasser kocht, hineinlegen. Die Hitze reduzieren, zugedeckt ca. 10 Minuten ziehen lassen. Inzwischen 2 EL Butter zerlassen, den Saft und den Schalenabrieb einer halben Zitrone und eine Prise Salz dazugeben, kurz aufschäumen lassen. Fisch aus dem Sud heben, auf einen warmen Teller legen, mit Zwiebelgrün bestreuen, mit heißer Zitronenbutter beträufeln. Dazu passt Baguette oder Blattsalat.

1 breiter Topf, 1 kleine Pfanne, Reibe
15 Minuten
Ca. 390 kcal

Schnelle Dillerdäpfel

mit Räucherforelle

Zutaten:

250 g heurige Erdäpfel
3 kleine Essiggurkerl
2 EL gehackte Dille
1–2 EL Crème fraîche
Salz, Pfeffer
1 Räucherforellenfilet

Räucherfische schmecken lauwarm am besten

Ein Viertel Liter Wasser zustellen. Die Schale der Erdäpfel unter kaltem Fließwasser abreiben, Erdäpfel in Würfel schneiden. Ins kochende Wasser geben, zugedeckt ca. 8 Minuten kochen. Inzwischen Essiggurkerl in Scheiben schneiden. Erdäpfel abgießen, Gurkerl, 2 EL Gurkerl-Marinade, Crème fraîche, Salz, Pfeffer und Dille unterrühren. Die Haut der Forelle abziehen, das Filet auf die heißen Erdäpfel legen und zugedeckt 2–3 Minuten lauwarm werden lassen. Alternative zum Fisch: gebratene Knackwurst.

1 Topf mit Deckel
12 Minuten
Ca. 310 kcal

Reisnudeln
mit Bärlauch und Lachs

Zutaten:
100 g Reis-Bandnudeln
1 Handvoll Bärlauch
Sonnenblumenöl
Sesamöl
Sojasauce
150 g dickes Lachsfilet
Chiliflocken

Statt Bärlauch kann man auch junge Spinatblätter nehmen und mit Knoblauch würzen

Die Nudeln 1–2 Mal abbrechen, in einer Schüssel mit kochendem Wasser übergießen und wenige Minuten quellen lassen (siehe Anleitung auf der Packung), kalt abschrecken. Inzwischen das Lachsfilet in 2–3 cm große Würfel schneiden. 1 TL Öl in einer beschichteten Pfanne (Wok) erhitzen, Fischwürfel darin rundherum kurz anbraten, bis sie außen leicht braun, innen aber noch glasig sind.
Nach Belieben Chiliflocken dazugeben, kurz mitbraten, danach den grob geschnittenen Bärlauch zufügen und unterrühren. Nudeln unterheben, erhitzen, wenig Sesamöl darüberträufeln und mit Sojasauce würzen.

1 Schüssel, 1 beschichtete Pfanne (Wok)
8 Minuten
Ca. 470 kcal

Maischolle
in Butter gebraten

Die Scholle salzen und mit Zitronensaft beträufeln. In Mehl wenden, überschüssiges Mehl abschütteln, in einem Gemisch aus Butter und Öl am besten in einer beschichteten Pfanne langsam knusprig braten (4–5 Minuten auf jeder Seite). Zum Umdrehen auf einen Deckel gleiten lassen und dann stürzen. Auf einen vorgewärmten Teller legen, noch einen EL Butter in der Pfanne zerlassen, 1 EL gehackte Kräuter darin einmal aufschäumen lassen, etwas Zitronensaft dazugeben. Die Butter über den Fisch gießen. Dazu: Weißbrot.

1 große Pfanne
10 Minuten
Ca. 420 kcal

Scholle ist im Mai besonders zart

Zutaten:
1 Maischolle (küchenfertig)
Butter
Öl
Mehl
Salz
Zitronensaft
Frühlingskräuter

Gedämpfter Waller

mit Kohlrabi und Limettensauce

Zutaten:
200 g Waller
1 Kohlrabi
5 cm Lauch
Salz, Pfeffer
1 EL Butter
1 EL Crème fraîche
½ Limette

Statt Waller passen auch Zander oder Heilbutt

Kohlrabi in kleine Würfel, Lauch in feine Ringe schneiden. Beides in einen breiten Topf geben, knapp mit Wasser bedecken, salzen, pfeffern, Butter dazu, zugedeckt köcheln lassen. Wenn der Kohlrabi fast weich ist, den in große Stücke geschnittenen Fisch darauflegen und 3 Minuten mitdämpfen. Fisch und Gemüse auf einen warmen Teller geben. Fond mit Crème fraîche und dem Saft einer halben Limette mittels Stabmixer aufmixen, mit Salz und Pfeffer abschmecken, über den Fisch träufeln.

1 Topf mit Deckel, Mixer
10 Minuten
Ca. 390 kcal

Gebratener Reis

mit Huhn und Erbsenschoten

Zutaten:
2 Hühner-Oberkeulen (oder 1 ganze Keule)
2 schlanke Jungzwiebeln
100 g Erbsenschoten
100 g vorgegarter Reis
Sojasauce
3-4 Ästchen Zitronenmelisse
Schale einer unbehandelten Limette

Die Haut von den Hühnerkeulen abziehen und in schmale Streifen schneiden. Knochen auslösen und für die nächste Hühnersuppe ins Tiefkühlfach geben, Fleisch in Streifen schneiden. Zwiebeln putzen, in 5 cm lange Stücke und diese längs in Streifen schneiden. Erbsenschoten putzen, längs 2-3 mal durchschneiden. Hühnerhaut in einer Pfanne (einem Wok) bei milder Hitze zu knusprigen Grammeln braten. Herausnehmen, salzen. Fleisch im ausgelassenen Hühnerfett rundherum anbraten. Zwiebeln und Erbsenschoten dazugeben, 3 Minuten weiterbraten, Reis dazu, mitbraten. Mit Sojasauce und der ganz fein abgeriebenen Limettenschale würzen. Zitronenmelissenblättchen einschwenken. Anrichten, mit den knusprigen Grammeln bestreuen.

Knusprig gebraten schmeckt Hühnerhaut wunderbar – nicht nur beim Grillhendl

1 Pfanne (Wok)
10 Minuten
Ca. 490 kcal

Gefüllte Hühnerbrust

mit Kräutersalat

Zutaten:

1 Hühnerbrustfilet (150 g, ohne Haut)
Salz, Pfeffer
1–2 EL Ziegenfrischkäse
2 Scheiben Parmaschinken
2 Radieschen
1 dünne Jungzwiebel
1 Handvoll Kräuter (Giersch, Löwenzahn, Rucola, Minzen)
Sonnenblumenöl
Apfelessig
Dijonsenf
Honig

Die Investition in ein gutes Wildkräuterbuch lohnt sich!

Die Hühnerbrust einschneiden, sodass eine Tasche entsteht. Ziegenkäse hineinstreichen, zuklappen. Fleisch pfeffern und leicht salzen, mit dem Schinken straff umwickeln. 1 EL Öl in einer Pfanne erhitzen, Fleisch darin auf beiden Seiten anbraten, dann zugedeckt bei milder Hitze weitere 7 Minuten garen, zum Schluss kurz offen fertigbraten. Währenddessen Kräuter und Radieschen waschen. Jungzwiebel und Radieschen in feine Scheiben schneiden. Je 2 EL Öl und Essig mit einer Prise Salz, einer Messerspitze Senf und ein klein wenig Honig cremig rühren, Salat damit marinieren. Hühnerbrust mit dem Salat anrichten.

1 Pfanne, 1 Schüssel
15 Minuten
Ca. 420 kcal

Überbackenes Baguette

Backrohr auf 250 °C Oberhitze bzw. Grill schalten. Schinken und Käse in kleine Streifen bzw. Würfel schneiden. Sauerrahm mit Ei glattrühren, Schinken und Käse damit vermischen, salzen, pfeffern. Das Baguette längs durchschneiden, auseinanderklappen. Schinken-Käse-Masse auf den Schnittflächen verteilen, im Rohr ca. 5–7 Minuten backen. Herausnehmen, mit Schnittlauch bestreuen. Dazu passt Häuptelsalat oder Rucola mit einer leichten Obstessig/Sonnenblumenöl-Marinade.

1 Schüssel, Backrohr
12 Minuten
Ca. 650 kcal

Klingt nach hohem Energieaufwand. Ist es auch. Aber immer noch weniger als bei den meisten Fertigpizzen

Zutaten:

40 g Emmentaler
40 g gekochter Schinken
3 EL Sauerrahm
1 Ei (M)
Salz, Pfeffer
Schnittlauch
½ Baguette
evtl. Häuptelsalat oder Rucola

Lammkoteletts

mit Kirschparadeisern

Lammkoteletts mit der Hand leicht flachdrücken, salzen, pfeffern und in heißem Olivenöl beidseitig 3–4 Minuten braten. Dabei den Rosmarin mitbraten. Koteletts rausnehmen, in Alufolie wickeln, warm stellen. Paradeiser halbieren. Im Bratrückstand je 1 EL Öl und Butter erhitzen, Paradeiser darin 3 Minuten sanft braten und mit einem Schuss Weißwein aufgießen. Zucker, Salz, Pfeffer und den Saft, der sich zwischenzeitlich unter den Koteletts angesammelt hat, hinzufügen, gut durchrühren. Spinatblätter waschen, trocknen und auf einem Teller verteilen. Die heißen Koteletts darauflegen, die Paradeiser mit der Sauce darüber verteilen.

1 Pfanne, Alufolie
10 Minuten
Ca. 490 kcal

Zutaten:
- 3–4 Lammkoteletts
- 7–8 Kirschparadeiser
- 1 Handvoll zarte Spinatblätter
- Rosmarin
- Salz, Pfeffer
- Zucker
- 2 EL Olivenöl
- 1 EL Butter
- Weißwein

Dazu passt Minzgelee

Beinschinken

mit Erbsenpüree

Erdapfel schälen und in 1 cm große Würfel schneiden. Mit heißem Wasser bedecken, salzen, 7–8 Minuten zugedeckt kochen. Dann die Erbsen dazugeben. Aufkochen, nach 2 Minuten das Kochwasser wegleeren, zugedeckt 5 Minuten ausdampfen lassen. Zusammen mit der Butter mittels Gabel oder Erdäpfelstampfer zu einem groben Brei stampfen. Inzwischen ca. ¼ l Wasser zum Kochen bringen, mit etwas Suppenpulver würzen, Schinken darin warmziehen lassen. Schinken auf dem Erbsenpüree anrichten und mit Kren bestreuen.

2 kleine Töpfe, 1 Deckel
15 Minuten
Ca. 480 kcal

Zutaten:
1 großer Erdapfel
150 g Erbsen (TK)
20 g Butter
Salz
1 Scheibe Beinschinken (ca. 150 g)
Bio-Suppenpulver
frischer Kren

Aus der Suppe könnte man auch noch eine Krensauce machen: auf die Hälfte einkochen lassen, 1–2 EL Crème fraîche einrühren, frischen Kren reinreiben

Gedämpfte Buchenraslinge

Buchenraslinge gibt's von »Edlinger Pilz« (ab und zu auch im Supermarkt), das Ganze funktioniert aber auch mit Kräuterseitlingen oder Shiitakepilzen

Zutaten:

100 g Buchenraslinge
2 Scheiben frischer Ingwer
3–4 Salatblätter
Butter
5 cm Lauch
Sojasauce
1–2 Scheiben Schwarzbrot
Pfeffer

Circa ¼ l Wasser mit den Ingwerscheiben zum Kochen bringen. Lauch in feine Ringe schneiden. Einen Dämpfeinsatz mit Butter bestreichen, die Salatblätter darauflegen. Lauch darüber verteilen. Die Pilze auseinanderzupfen und auf den Lauch legen. Mit Butterflocken belegen, zudecken, ca. 5 Minuten dämpfen. Schwarzbrot toasten. Pilze und Gemüse auf die getoastete(n) Brotscheibe(n) legen, mit Sojasauce beträufeln, darüberpfeffern.

1 Topf mit Dämpfeinsatz und Deckel, Toaster
10 Minuten
Ca. 350 kcal

Hopfensprossen

auf Erdäpfelragout

Ein Viertel Liter Wasser in einem Wok oder in einem Topf zustellen, mit Selleriesalz würzen. Erdäpfel schälen, in 1 cm große Würfel schneiden, hineingeben, offen köcheln lassen. Sobald sie weich sind, aber noch etwas Biss haben, den Ziegenkäse unterrühren, pfeffern. Jetzt sollte ein schön cremig gebundenes Ragout entstanden sein. Die Hopfensprossen darauflegen, zugedeckt 3 Minuten dämpfen. Fertig.

1 Wok oder Topf mit Deckel
12 Minuten
Ca. 430 kcal

Zutaten:

3 mittelgroße Erdäpfel
(am besten Heurige)
Selleriesalz
50 g Ziegenweichkäse
weißer Pfeffer
1 Bündel Hopfensprossen

Hopfensprossen bekommt man kaum zu kaufen, im März/April wachsen sie aber an den meisten Böschungen wild

Hannis Frühlingsbrot

Zutaten:
1–2 dicke Scheiben altbackenes Weißbrot
Buttermilch
1 Jungzwiebel
1 Knoblauchzehe
1 Minigurke
1–2 Radieschen
1 Limette
Petersilie
Minze oder Dille
Olivenöl
Grobes Meersalz

Statt Buttermilch passt auch Sauermilch

Brotscheiben auf einen Teller legen und dick mit Buttermilch übergießen, wenden, ziehen lassen. Zwiebel in Ringe, Gurke in kleine Würfel schneiden, Knoblauch und Petersilie hacken, alles vermischen und mit Limettensaft marinieren. Radieschen in dünne Scheiben schneiden und auf das inzwischen angesaugte Brot legen. Darüber die Gemüsemischung verteilen. Gehackte Minze oder Dille darüberstreuen, mit ein paar Tropfen Öl und eventuell etwas grobem Salz würzen.

10 Minuten
Ca. 320 kcal

Gebratene Polenta

mit Feta und Prosciutto

Zutaten:
1 Packung Fertig-Polenta (siehe Basisvorräte)
30 g Feta
ein paar Blätter Rucola
Olivenöl
Balsamicoessig
Pfeffer
50 g Prosciutto

Knusprig gebratene Polenta ist auch eine superschnelle Beilage zu Schwammerln oder Wildgerichten

Polenta in sechs zentimeterdicke Scheiben schneiden und in Olivenöl beidseitig knusprig braten. 3 von den Scheiben auf einen Teller legen, je 3–4 Rucolablätter darauf, Feta darüberbröseln. Mit einer zweiten Scheibe abdecken und pfeffern. Rohschinken locker darüberlegen, mit ein paar Tropfen Olivenöl und Balsamicoessig beträufeln.

1 Pfanne
7 Minuten
Ca. 380 kcal

Schneller Milchreis
mit Erdbeeren

Den Reis mit dem Wasser 1 Minute in einem Standmixer oder Blitzhacker zermahlen. Dann die Milch dazugeben und in einem Topf zum Kochen bringen. 12 Minuten zugedeckt köcheln lassen, dabei immer wieder umrühren. Zum Schluss süßen. Inzwischen die Erdbeeren waschen und zerkleinern. Den Milchreis in einem Suppenteller oder einer Schüssel anrichten, die halbierten Erdbeeren (alternativ Sauerkirschen- oder Marillenkompott) darüber verteilen.

1 Topf, Mixer oder Blitzhacker
15 Minuten
Ca. 320 kcal

Zerkleinert man den Reis vor dem Kochen, wird er schneller fertig. Schmeckt übrigens auch gut zum Frühstück

Zutaten:

1 kleine Tasse Reis (50 g)
2 Tassen Milch
3 Tassen Wasser
1 EL Ahornsirup oder Zucker
1 Prise Vanillezucker
1 Handvoll Erdbeeren

Buttermilchpancakes

mit Beeren

Zutaten:
60 g glattes Mehl
1 Msp. Backpulver
1 Prise Salz
1 TL Zucker
1 Ei (M)
125 ml Buttermilch
Butter für die Pfanne
100 g Beeren
3 EL Joghurt
Zitronensaft
Staubzucker

Besonders fein: halbsteif geschlagenes Obers statt Joghurt

Mehl, Backpulver, Salz und Zucker in einer Schüssel vermischen. Ei in Dotter und Klar trennen. Dotter mit Buttermilch verquirlen, Mehlmischung damit kurz verrühren. Eiweiß zu Schnee schlagen und unterheben. Butter in einer Pfanne zerlassen, etwa 4 EL Teig pro Pancake hineingeben, 3 Minuten pro Seite backen. Beeren waschen und abtropfen lassen. Joghurt mit etwas Zitronensaft und Staubzucker verrühren. Die warmen Pancakes mit den Beeren und der Joghurtsauce anrichten.

2 Schüsseln, 1 Pfanne
12 Minuten
Ca. 510 kcal

Sommer

Erdäpfelsuppe
mit Fisch

Statt Petersilie passt auch frische Dille

Zutaten:

150 g speckige Erdäpfel
250 ml Gemüsesuppe (aus dem TK-Vorrat, ersatzweise Bio-Suppenpulver)
1 roter Paprika
2 EL gehackte Petersilie
1 Knoblauchzehe
1 TL Paprikapulver
Salz
Sauerrahm
100 g Fischfilet (z.B. Kabeljau, Heilbutt, Zander, Karpfen)

Gemüsesuppe aufkochen. Erdäpfel schälen, in 1 cm große Würfel schneiden, in die Suppe geben. Paprika in Streifen schneiden, Knoblauch schälen und fein hacken, ebenfalls dazugeben. Paprikapulver einrühren, ca. 7 Minuten köcheln lassen. Fischfilet auf die Kartoffeln legen und zugedeckt 3–4 Minuten gar ziehen lassen. Petersilie hacken. Fisch herausnehmen, Petersilie unter die Kartoffeln rühren und die Suppe abschmecken. Rausschöpfen, Fischfilet und einen Klecks Sauerrahm darauf, mit grobem Salz würzen.

1 Topf
15 Minuten
Ca. 300 kcal

Kalte Gurkensuppe

Zutaten:

1 Feldgurke
200 ml Joghurt
Salz
weißer Pfeffer
Zitronensaft
1 kleine Knoblauchzehe
frische Minze oder Dille
3 Scheiben Schwarzwälder Schinken
3 Grissini

Wer's pikanter mag, würzt zusätzlich mit Cayennepfeffer oder Tabasco

Gurke schälen, halbieren, entkernen und grob raspeln. Die Hälfte der Gurkenraspel ausdrücken, Saft in einem Gefäß auffangen und zur Seite stellen. Den Rest zusammen mit dem Gurkensaft, dem Joghurt und dem geschälten, zerkleinerten Knoblauch fein mixen. Gurkenraspel unterrühren, mit Salz, Pfeffer und Zitronensaft abschmecken. Anrichten, mit Kräutern bestreuen. Grissini straff mit Rohschinken umwickeln und dazu servieren.

1 Schüssel, Mixer
8 Minuten
Ca. 270 kcal

Erdäpfelpfanne
mit Schafkäse

Erdäpfel schälen und in kleine Würfel schneiden. In 1 EL Olivenöl anbraten, zugedeckt 7–8 Minuten sanft braten. Zwiebel in Ringe schneiden, Zucchini der Länge nach vierteln, dann in Scheiben schneiden. Beides zu den Erdäpfeln geben und 5 Minuten bei starker Hitze offen schön hellbraun rösten. Thymian und Schnittlauch einschwenken, salzen, pfeffern, Feta darüberbröseln. Noch kurz ziehen lassen und gleich aus der Pfanne essen.

1 Pfanne
15 Minuten
Ca. 450 kcal

Alternativ zu Zucchini: Mangold, Fenchel oder junge Patissons

Zutaten:

250 g Erdäpfel (am besten Heurige)
1 Jungzwiebel
1 kleine, feste Zucchini
Olivenöl
Salz, Pfeffer
50 g Feta
frischer Thymian
Schnittlauch

Gebratene Gnocchi

mit Eierschwammerln

Ein paar Blättchen frischer Majoran machen's noch feiner

Zutaten:

250 g fertige Gnocchi (aus dem Supermarkt-Kühlregal)
150 g frische, möglichst kleine Eierschwammerl
1 Knoblauchzehe
2 EL gehackte Petersilie
2 EL Schlagobers
Butter
Rapsöl
Salz, Pfeffer

Die Schwammerln trocken putzen – Waldreste und erdige Stielansätze entfernen –, dann wenn nötig zerkleinern. Knoblauch schälen und fein hacken.
Je 1 EL Öl und Butter in einer relativ großen, beschichteten Pfanne erhitzen, die Schwammerln darin kurz und kräftig anbraten. Gnocchi dazugeben und mitbraten, bis sie außen leicht gebräunt und innen noch weich sind. Knoblauch dazugeben, kurz mitbraten. Die Hälfte der gehackten Petersilie einstreuen, mit Salz und Pfeffer würzen. Obers steif schlagen und einschwenken, Gnocchi auf einen Teller gleiten lassen, mit der restlichen Petersilie bestreuen.

1 Pfanne
8 Minuten
Ca. 510 kcal

Kichererbsensalat
mit Feta

Die weißen, flachen Zwiebeln stammen aus Italien und sind besonders mild

Zutaten:
1 kleine Dose Kichererbsen (ca. 200 g, abgetropft)
1 flache, weiße Zwiebel (ersatzweise 1 Schalotte)
1–2 mittelgroße Paradeiser
½ Zitrone
Olivenöl
Salz, Pfeffer
frische Minze
frisches Basilikum
30 g Feta

Zwiebel schälen und grob schneiden. Paradeiser klein würfeln, mitsamt dem Paradeisersaft in eine Schüssel geben. Mit Zitronensaft, Zwiebel und 2 EL Olivenöl vermischen. Kichererbsen in einem Topf erwärmen, den Großteil davon in den Salat geben, den Rest mit einer Gabel zerquetschen und dann ebenfalls hineinrühren. Salzen, pfeffern. Viel grob gehackte Minze und Basilikum unterheben, Feta darüberbröseln.

1 Schüssel, 1 Topf
6 Minuten
Ca. 490 kcal

Paradeissauce

mit Ei

Schalotte und Knoblauch schälen und fein schneiden, in 1 EL Öl anschwitzen. Haut der Paradeiser abziehen, Fruchtfleisch würfeln. Pfefferoni in feine Ringe schneiden. Suppenwürze, Paradeismark, Pfefferoni, etwas Oregano und eine Prise Zucker unter die Zwiebelmischung rühren, kurz mitbraten, mit den Paradeisern und deren Saft aufgießen. Mindestens 5 Minuten zugedeckt köcheln lassen. Eier aufschlagen und behutsam reingleiten lassen. Feta zerbröseln und darüber verteilen, das Ganze zugedeckt ziehen lassen, bis das Ei gestockt ist. Mit Salz und Pfeffer würzen, Petersilie darüberstreuen.

1 Pfanne mit Deckel
15 Minuten
Ca. 330 kcal

Bei richtig reifen Paradeisern lässt sich die Haut auch ohne vorheriges Überkochen abziehen

Zutaten:

1 Schalotte
1 Knoblauchzehe
1 TL Suppenwürze von »fairwurzelt« (siehe Vorratsliste)
2 reife Fleischparadeiser
1 EL Paradeismark
Zucker
getrockneter Oregano
1 Pfefferoni
1–2 Eier (M)
20 g Feta
Salz, Pfeffer
Petersilie
Olivenöl

Gemüse-Couscous
mit Lachs

Zutaten:
60 g Couscous
120 g Lachsfilet ohne Haut
1 kleine Zucchini
1 cm frische rote Chilischote
1 Fleischparadeiser (Ochsenherz)
Saft von ½ Zitrone
1 EL gehackter Koriander
Salz, Pfeffer
Olivenöl
Sojasauce

Je kleiner und fester eine Zucchini, desto besser

Couscous in einer Schüssel mit kochendem Wasser übergießen, bis das Wasser 1 cm über dem Getreide steht, Teller darauf, ziehen lassen. Chili entkernen, fein hacken. Zucchini würfeln, Lachs in große Stücke schneiden. 1 EL Öl in einer beschichteten Pfanne erhitzen, Fischstücke darin rundherum kurz anbraten, mit Sojasauce würzen. Herausnehmen, zwischen 2 Tellern warmhalten. Zucchini und Chili in der Pfanne anbraten. Paradeiser würfeln, mit Zitronensaft, 1 EL Olivenöl und Koriander unter den Couscous mischen. Couscous unter das Gemüse in der Pfanne heben, mit Salz und Pfeffer abschmecken. Lachswürfel darauflegen, zugedeckt noch kurz ziehen lassen.

1 Pfanne, 1 hitzefeste Schüssel
10 Minuten
Ca. 430 kcal

Zucchininudeln

mit Ricotta

Nudelwasser zustellen. Zucchini in dünne Streifen schneiden, in 1 EL Olivenöl kurz und bei kräftiger Hitze braten, bis sie außen leicht braun werden, aber innen noch knackig sind. Salzen, kräftig pfeffern, Oreganoblättchen dazugeben und mit Zitronensaft und abgeriebener Zitronenschale würzen. Nudeln inzwischen bissfest kochen, abgießen, abtropfen lassen. Mit den Zucchini vermischen, Ricotta darüber verteilen.

1 Topf, 1 Pfanne, Reibe
10 Minuten
Ca. 520 kcal

Statt Tagliatelle passen auch Penne oder Linguine

Zutaten:
100 g Tagliatelle
1 kleine, feste Zucchini (ca. 100 g)
Olivenöl
frischer Oregano
50 g Ricotta
Salz, Pfeffer
½ unbehandelte Zitrone

Pasta
mit marinierten Kirschparadeisern

Wer will, mischt noch ein paar halbierte Kugeln Babymozzarella drunter

Zutaten:

100 g Spaghetti oder Penne
100 g Kirschparadeiser
frische Kräuter – Majoran, Thymian, Basilikum
1 TL Essig
1 EL Olivenöl
1 kleine Knoblauchzehe
Salz, Pfeffer
Zucker

Nudelwasser zustellen. Paradeiser halbieren, Knoblauchzehe schälen und fein hacken, Kräuter von den Stielen zupfen, alles mit Öl, Essig, Salz, Pfeffer und einer kleinen Prise Zucker verrühren, die Paradeiser dabei leicht zerdrücken. Ziehen lassen. Nudeln inzwischen bissfest kochen, abgießen, sofort mit den marinierten Paradeisern vermischen.

1 Topf, 1 Schüssel
15 Minuten
Ca. 540 kcal

Fisolen

in Paradeissauce

Fisolen müssen gekocht werden, roh sind sie giftig

Zutaten:

250 g dünne Fisolen
250 g geschälte Paradeiser (Dose)
1 junger Knoblauch (ersatzweise 2 Zehen)
Salz, Pfeffer
Zucker
frisches Bohnenkraut (ersatzweise Basilikum, Petersilie oder TK-Kräutermischung)
30 g Feta
Olivenöl
evtl. Baguette oder Couscous

Fisolen waschen und die Kuppen wegschneiden. 1 EL Öl in einer Pfanne erhitzen, Fisolen darin rundherum anschwitzen. Knoblauch in feine Ringe schneiden (ersatzweise Knoblauchzehen schälen und hacken), dazugeben. Mit den Paradeisern aufgießen, pfeffern, zugedeckt schmoren lassen. Bohnenkraut hacken und nach 5 Minuten unterrühren, je eine Prise Salz und Zucker dazu, weitere 5 Minuten garen. Feta darüberbröseln. Dazu passt Baguette oder Couscous.

1 Pfanne mit Deckel
15 Minuten
Ca. 310 kcal

Bernds Zitronennudeln

Nudelwasser zustellen. Zitrone waschen und abtrocknen. Butter in einer Pfanne schmelzen, die Schale der halben Zitrone mit einer feinen Reibe hineinreiben. Mit Obers und 1–2 EL Nudelkochwasser aufgießen, 1 EL Parmesan dazugeben. Die inzwischen gekochten Nudeln abseihen und mit der Sauce vermischen. Den Saft der halben Zitrone unterrühren, salzen, pfeffern und den restlichen Parmesan darüberstreuen.

1 Topf, 1 Pfanne
10 Minuten
Ca. 670 kcal

Zutaten:

1 EL Butter
1 Bio-Zitrone
50 ml Schlagobers
2 EL geriebener Parmesan
Salz, Pfeffer
120 g dünne Spaghetti (Spaghettini)

Statt Obers 1 Dotter schaumig schlagen, Zitronensaft langsam einrühren, über die heißen, abgeseihten Nudeln gießen

Scharfer Käsewrap

Rucola waschen und trockenschütteln. Tortilla in einer trockenen Pfanne sanft erhitzen. Herausnehmen, mit Ajvar einstreichen. Rucola darüber verteilen, Schafkäse zerbröseln und darüberstreuen. Straff einrollen und sofort essen.

1 große Pfanne
5 Minuten
Ca. 240 kcal

Ajvar ist eine würzige Gemüsepaste, die hauptsächlich aus roten Paprika und Melanzani besteht. Gibt's scharf und mild in Gläsern. Vorsicht: ist das Glas geöffnet, schimmelt der Inhalt rasch

Zutaten:

1 fertige Weizentortilla (restliche dicht verpackt ins Tiefkühlfach)
2–3 EL scharfer Ajvar
50 g Schafkäse
1 Handvoll Rucola

Falafeltaler

mit Minztsatsiki

Falafelmix mit kaltem Wasser anrühren und 10 Minuten quellen lassen. Inzwischen Gurke grob raspeln, anschließend gut ausdrücken. Joghurt mit ein paar Tropfen Zitronensaft, Salz, Zucker, zerdrücktem Knoblauch und weißem Pfeffer glatt verrühren, Gurkenraspel und gehackte Minze unterheben. 1 EL Öl in einer Pfanne heiß werden lassen, aus der Falafelmasse mit einem Löffel 3–4 Häufchen hineinsetzen und flach drücken. Beidseitig goldbraun braten.

1 Pfanne, Reibe
15 Minuten
Ca. 320 kcal

Zutaten:
80 g Falafelmix
100 ml Wasser
Olivenöl
Salz
weißer Pfeffer
Zucker
1 Zitrone
3 EL griechisches Naturjoghurt
1 Knoblauchzehe
1 Minigurke
frische Minze

Falafel bestehen hauptsächlich aus Kichererbsen. Gute Fertigmischungen gibt's in Bio-Läden oder Orientshops

Warm marinierter Karfiol

Wasser zustellen. Karfiol in nicht zu kleine Röschen teilen, dicke Stiele kreuzförmig einschneiden, damit sie nicht hart bleiben. Karfiol ins kochende Wasser geben. Inzwischen Essig, beide Öle, Salz und Pfeffer zu einer Marinade verrühren. Zwiebel schälen, in feine Ringe schneiden, dazugeben. Die bissfesten Karfiolröschen aus dem Wasser heben und in der Marinade ziehen lassen. Karfiol mit Schnittlauch bestreuen und lauwarm essen.

1 Topf, 1 Schüssel
15 Minuten
Ca. 270 kcal

Zutaten:

1 kleiner Karfiolkopf
2 EL Sonnenblumenöl
1 EL Walnuss- oder Kernöl
3 EL weißer Balsamessig
Salz, Pfeffer
Schnittlauch
1 rote Zwiebel

Paradeis-Fladen

Zutaten:
1 kleines Fladenbrot
2 Fleischparadeiser
1 Kugel Büffelmozzarella
Salz, Pfeffer
Basilikumblätter
getrockneter Oregano
Olivenöl

Paradeiser haben im Kühlschrank nichts verloren. Immer bei Zimmertemperatur lagern!

Backrohr auf 220 °C aufheizen. Brot horizontal durchschneiden, Schnittflächen mit Olivenöl beträufeln. Paradeiser in Scheiben schneiden, darauflegen. Leicht salzen und ein paar Basilikumblätter darauf verteilen. Mozzarella in Scheiben schneiden, darauflegen. Salzen, pfeffern, mit getrocknetem Oregano bestreuen. Bei Oberhitze 7–8 Minuten backen (bis der Käse weich wird). Mit Olivenöl beträufeln, mit frischem Basilikum garnieren.

Backrohr
10 Minuten
Ca. 390 kcal

Eine Art Gyros

Reis in 1 TL Butter anschwitzen, mit der doppelten Reismenge Wasser aufgießen, zugedeckt 8 Minuten köcheln lassen, abdrehen, ziehen lassen. Zwiebel schälen, längs in feine Streifen schneiden, Pfefferoni in Ringe. Fleisch in dünne Scheiben schneiden, mit einer Prise Salz, getrocknetem Oregano, Pfefferoni und Zwiebel verkneten, ziehen lassen. Paradeiser in Scheiben schneiden, zwei davon ganz lassen, den Rest hacken. Öl in einer Pfanne erhitzen, das Fleisch darin rasch rundherum braun braten. Zum Schluss die Paradeiswürfel einschwenken.
Fleisch mit dem inzwischen gegarten Reis und den Paradeisscheiben anrichten, mit frischem Oregano bestreuen.

1 Topf, 1 Pfanne
15 Minuten
Ca. 540 kcal

Zutaten:
150 g Schweinefleisch (Schulter)
1 kleine Zwiebel
getrockneter Oregano
frischer Oregano
Salz
1 Pfefferoni
1 EL Öl
1 großer Fleischparadeiser
50 g Reis
Butter

Das geröstete Fleisch könnte man auch in gewärmte Pitabrot-Taschen füllen und den Reis dafür weglassen

Lachsforelle
in Butterpapier

Zutaten:
200 g Lachsforellenfilet
5 cm Gurke
3 Kirschparadeiser
1 Jungzwiebel
2–3 Zweige Dille
1 Bio-Zitrone
Salz, Pfeffer
Butter

Statt der Gurke passen auch Spinatblätter, Zucchinischeiben oder Erbsenschoten

Backrohr auf 200 °C vorheizen. Zwiebel putzen, längs halbieren. Gurke waschen und in 5 mm dicke Scheiben schneiden, nicht schälen. Paradeiser halbieren. Fisch kalt abspülen, trockentupfen. Ein Stück Backpapier (ca. 30 x 30 cm) auflegen, in der Mitte ein paar Butterflocken verteilen. Gurkenscheiben darauflegen, darauf den Fisch, Paradeiser darum herum verteilen. Salzen, pfeffern, ein wenig Zitronensaft darüberträufeln. Dille auf den Fisch legen, oben darauf eine Zitronenscheibe und noch einige Butterflocken. Packerl dicht verschließen, evtl. mit Zahnstochern zustecken. Im Backrohr 10 Minuten garen.

Backrohr, Backpapier
15 Minuten
Ca. 480 kcal

Fisch & Brot

Sardinen gegebenenfalls ausnehmen: mit einem scharfen Messer an der Unterseite von den Kiemen Richtung Bauch einen kleinen Schnitt machen, Innereien lösen, Fisch innen und außen gut waschen. Fische trockentupfen, salzen, dann in Mehl wenden.
2–3 EL Öl in einer geräumigen Pfanne erhitzen, die Fische darin bei moderater Hitze beidseitig schön knusprig braten. Mit Zitrone und getoastetem Weißbrot essen.

1 Pfanne, Toaster
10 Minuten
Ca. 450 kcal

Statt mit Sardinen funktioniert das auch mit heimischen Weißfischen wie z. B. Lauben oder Rotfedern

Zutaten:
5–7 kleine Sardinen
Mehl
Salz
Olivenöl
Zitrone
Weißbrot

Kabeljau
auf Sommergemüse

Paprika halbieren, Kerne entfernen, Fruchtfleisch in Streifen schneiden. Zucchini und Zwiebel putzen. In 1 cm dicke Scheiben/ Ringe schneiden. Gemüse in 1 EL Öl anschwitzen, mit Salz, Pfeffer und einem Hauch Cumin würzen. Mit einem Schuss Süßwein ablöschen und kurz köcheln lassen. Fischfilet mit Zitronensaft beträufeln und auf das Gemüse legen. Einen dichten Deckel darauf, 4–5 Minuten ziehen lassen. Gemüse auf einem warmen Teller anrichten, Fisch daraufsetzen, mit dem entstandenen Saft beträufeln und mit grobem Meersalz bestreuen.

1 Pfanne mit Deckel
12 Minuten
Ca. 380 kcal

Der Süßwein muss nicht sein, er gibt dem Gericht aber eine feine Süße und Säure

Zutaten:

200 g dickes Kabeljaufilet
1 roter oder oranger Paprika
1 kleine Zucchini
1 Jungzwiebel
1 Schuss Süßwein
Cumin (Kreuzkümmel)
grobes Meersalz, Salz
Lemonpepper (oder schwarzer Pfeffer)
Olivenöl
Zitronensaft

Lammkoteletts

mit Couscous

Den Knoblauch vor dem Braten mitsamt der Schale auf einem Brett mit einem Messer anquetschen. So gibt er seinen Geschmack ab, verbrennt aber nicht

Zutaten:

60 g Couscous
2 Fleischparadeiser
1 Jungzwiebel
1 Handvoll Petersilie
1 Zitrone
Olivenöl
3–4 kleine Lammkoteletts
Salz, Pfeffer
Kreuzkümmel
frischer Thymian
1 Knoblauchzehe

Couscous in einer Schüssel mit kochendem Wasser übergießen, bis das Wasser 1 cm über dem Getreide steht, Teller darauf, ziehen lassen. Pfanne erhitzen. Koteletts mit der Hand flach drücken, mit Salz, Pfeffer, Kreuzkümmel würzen. Auf einer Seite anbraten, Thymian und angequetschte Knoblauchzehe dazugeben, wenden, fertig braten. Paradeiser, Zwiebel und Petersilie klein schneiden, mit etwas Zitronensaft und einem ordentlichen Schuss Olivenöl unter den Couscous mischen, abschmecken. Fleisch mit dem Couscous anrichten, Bratensaft darüberträufeln.

1 hitzefeste Schüssel, 1 Pfanne
10 Minuten
Ca. 480 kcal

Sesamhühnerbrust

mit Maissalat

Zutaten:

1 Hühnerbrustfilet (ohne Haut)
Sojasauce
1 EL Sesamsamen
ca. 150 g Maiskörner (TK)
1 Jungzwiebel
½ roter Paprika
1 EL Weinessig
2 EL gutes Maiskeimöl
Salz, Pfeffer
1 Msp. Dijonsenf

Hühnerbrust mit Sojasauce einstreichen. ¼ l Wasser zum Kochen bringen, Mais hineingeben, kurz aufkochen, abgießen. Hühnerbrust in Sesam wälzen, Sesam fest andrücken. In einer Pfanne 1 EL Öl erhitzen, das Fleisch darin bei sanfter Hitze auf beiden Seiten etwa 5 Minuten braten, dann in Alufolie gewickelt rasten lassen. Jungzwiebel mitsamt Grün in Ringe schneiden, Paprika würfeln. Essig, 1 EL Öl, Senf, Salz und Pfeffer cremig aufschlagen, Gemüse damit marinieren. Hühnerbrust aufschneiden, mit dem lauwarmen Maissalat anrichten.

1 Pfanne, 1 Schüssel, Alufolie
15 Minuten
Ca. 590 kcal

Scharfer Bauch

Das möglichst kalte Bauchfleisch 2-mal durchschneiden, die Stücke dann quer zur Faser in dünne Scheiben schneiden. Knoblauchzehen schälen und blättrig schneiden. Chili und Jungzwiebel putzen und in dünne Ringe schneiden. Eine beschichtete Pfanne erhitzen, die Fleischstücke auf einer Seite knusprig braun braten, umdrehen, auf der zweiten Seite weitergaren. Knoblauch, Zwiebel und Chili dazu und alles zusammen 2–3 Minuten fertigbraten. Mit einem Schuss Sojasauce würzen, die Oreganoblättchen einschwenken. Dazu: Vollkornbaguette.

1 Pfanne
10 Minuten
Ca. 610 kcal (ohne Baguette)

Ab und zu darf's deftig sein

Zutaten:

1 dicke Scheibe mageres Bauchfleisch ohne Schwarte (ca. 150 g)
3 Zehen frischer, junger Knoblauch
1 Jungzwiebel
1 frische Chilischote (gelb, rot oder orange)
ein Zweig Oregano
Sojasauce
evtl. Vollkornbaguette

Hühnerspießchen

mit Reis und Rahm-Dip

Zutaten:

1 Hühnerbrustfilet ohne Haut
½ roter Paprika
2 Jungzwiebeln
Chilisauce
Salz
3 EL Sauerrahm
1 Knoblauchzehe
Ahornsirup
weißer Balsamessig
1 Pkg. vorgegarten Reis
Butter
Olivenöl
3 Holzspießchen

Die Sauce wird noch pikanter, wenn man scharfes Currypulver unterrührt

Jungzwiebel putzen, die festen Teile halbieren oder vierteln. Paprika entkernen und in 2–3 cm große Stücke, Hühnerbrust in 2–3 cm große Würfel schneiden. Abwechselnd auf die Holzspießchen stecken, salzen, eventuell mit Chilisauce einstreichen, dann in wenig Olivenöl in einer beschichteten Pfanne rundherum braten. Den Reis mit etwas Butter in einer Pfanne wärmen. Für den Dip Rahm mit 1–2 Tropfen Essig, gehacktem Knoblauch, Salz und Ahornsirup glatt verrühren.

2 Pfannen
12 Minuten
Ca. 460 kcal

Steak xxf (extraextrafein)

mit scharfen Gurken

Das Steak quer zur Faser in 2 mm dünne Scheiben schneiden, die Scheiben nebeneinander auflegen. Mit Sesamöl und Sojasauce beträufeln, mit grob gemahlenem Pfeffer bestreuen, ziehen lassen. Gurke waschen, schälen und in Stifte schneiden. Mit Sweet Chili Sauce, Sesamöl und Limettensaft beträufeln. Eine Pfanne sehr heiß werden lassen, einen Spritzer Erdnussöl hineingeben, Fleischscheiben darin nacheinander jeweils auf nur einer Seite 1 Minute braten. Dann gleich auf einen Teller rauslegen, mit einem zweiten Teller bedecken, kurz rasten lassen. Mit Korianderblättchen bestreuen, mit der marinierten Gurke essen.

1 Pfanne
10 Minuten
Ca. 300 kcal

Zutaten:

1 Filetsteak vom Rind (180 g)
Sesamöl
Sojasauce
Pfeffer
Erdnussöl
1 Minigurke
Sweet Chili Sauce
1 Limette
frischer Koriander

Paradeiser-Reis

mit Kalbsniere

Schalotte schälen, fein schneiden, Paradeiser klein würfeln. 1 EL Butter zerlassen, Schalotte darin anschwitzen, Paradeiser samt Saft dazugeben und je eine Prise Salz und Zucker einrühren. Köcheln lassen, bis eine sämige Sauce entstanden ist. Reis einrühren und erwärmen. Die Niere waschen, trockentupfen, in Scheiben schneiden. Je 1 EL Öl und Butter in einer Pfanne erhitzen, die Nierenscheiben einseitig in Mehl tauchen, ins heiße Fett legen, Rosmarinnadeln dazu. Beiderseits 3–4 Minuten braten. Herausnehmen, warm rasten lassen. Bratrückstand mit Süßwein ablöschen, wenn nötig mit einem Schuss Suppe oder Wasser aufgießen, kurz köcheln lassen, noch ein Stück kalte Butter einrühren, mit Salz abschmecken. Reis mit den Nierenscheiben anrichten, mit dem Bratensaft beträufeln.

2 Pfannen
15 Minuten
Ca. 530 kcal

Zutaten:

1 kleine Kalbsniere (geputzt, ohne Nierenfett)
Rosmarin
Butter
Pflanzenöl
Süßwein
evtl. etwas Suppe
150 g vorgekochter Reis
1 Schalotte
2 mittelgroße, reife Paradeiser
Salz
Zucker
glattes Mehl

Der Paradeiserreis passt auch als Hauptspeise – Parmesan darüberreiben, Blattsalat dazu

Steaksandwich

Baguette längs auseinanderschneiden. Schnittflächen mit Olivenöl beträufeln, mit der Schnittfläche nach unten in einer Pfanne anrösten. Fleisch klopfen, bis es ca. ½ cm dick ist. Brot herausnehmen, 1 EL Olivenöl in der Pfanne erhitzen und das Steak rasch auf beiden Seiten braten. Auf einen Teller legen, mit Zitronensaft beträufeln, salzen, pfeffern und zugedeckt rasten lassen. Die untere Hälfte des Brots mit Senf einstreichen, Steak und Rucola darauflegen, mit dem entstandenen Bratensaft beträufeln und die obere Brothälfte auflegen.

1 Pfanne
10 Minuten
Ca. 430 kcal

Fleischalternative: ein dickes Filetsteak rosa braten, in Scheiben schneiden und das Baguette damit belegen

Zutaten:

½ Baguette
1 dünnes Hüftsteak (ca. 150 g)
Salz
Pfeffer aus der Mühle
Dijonsenf
1 Handvoll Rucola
Olivenöl
1 Zitrone

Cevapcici
mit Gemüsesenf

Zutaten:
150 g faschiertes Fleisch
Salz, Pfeffer
1 kleine Knoblauchzehe
Paprikapulver
Olivenöl
1–2 EL Estragonsenf
1 Jungzwiebel
¼ Paprika
evtl. Weißbrot

Statt Wasser kann man auch etwas Paradeismark ins Fleisch kneten

Knoblauch schälen, auf einem Brett mit einem Messer zerdrücken, fein hacken. Das Fleisch mit Salz, Pfeffer, Knoblauch und wenig Paprikapulver würzen, gut durchkneten, etwas kaltes Wasser dazugeben und weiterkneten, bis eine Bindung entsteht. Mit feuchten Händen kleine Rollen formen (ca. 6 cm lang, 2 cm dick). In einer beschichteten Pfanne in wenig Öl rundherum knusprig braten. Inzwischen die Zwiebel in feine Ringe schneiden, den Paprika würfeln, beides mit Senf vermischen. Dazu passt Weißbrot.

1 Pfanne
12 Minuten
Ca. 450 kcal (ohne Brot)

Souvlaki
mit Tsatsiki

Fleisch in 2–3 cm große Würfel schneiden. Auf die Holzspießchen stecken, salzen, pfeffern und mit Oregano einreiben. In einer beschichteten Pfanne in wenig Olivenöl rundherum braten, dann kurz rasten lassen. Inzwischen Gurke waschen und grob raspeln. Joghurt mit ein paar Tropfen Zitronensaft, Salz, weißem Pfeffer, gehacktem Knoblauch und eventuell etwas gehackter Minze glattrühren, mit Gurkenraspeln vermischen.

Holzspießchen, 1 Pfanne, 1 Schüssel, Reibe
15 Minuten
Ca. 460 kcal

Wenn man mehrere Spießchen macht, sie mit Oregano einreibt und in Öl einlegt, halten sie im Kühlschrank bis zu einer Woche und werden noch würziger

Zutaten:
150–200 g Schweinefleisch (Schulter, Schopf oder Fledermaus)
getrockneter Oregano
Olivenöl
Salz, Pfeffer
weißer Pfeffer
1 Zitrone
3–4 EL griechisches Joghurt (10% Fett)
1–2 Knoblauchzehen
1 Minigurke
evtl. frische Minze

Lisis Heidelbeerdalken

Das Osttiroler Original wird ohne Ei gemacht. Aber wer unbedingt will, kann auch Dotter und geschlagenes Eiweiß unter den Teig heben

Zutaten:
50 g Mehl
80 ml Milch
125 g Waldheidelbeeren
Salz
Kristallzucker
2 EL Butter

Mehl mit Milch und einer Prise Salz verrühren, die Beeren vorsichtig unterheben. Butter in einer Pfanne vorsichtig heiß werden lassen, mit einem Löffel drei Dalken hineinsetzen und etwas flach drücken. Bei milder Hitze beidseitig hellbraun backen. Mit Kristallzucker bestreuen.

1 Schüssel, 1 Pfanne
10 Minuten
520 kcal

Kaiserschmarren

mit Marillenröster

Eier trennen und das Eiweiß mit Salz zu steifem Schnee schlagen. Eigelb und Milch vorsichtig unterrühren, dann das Mehl unterheben. In einer Pfanne 1 EL Butter zerlassen, die Masse einfließen lassen, zugedeckt bei sehr kleiner Hitze backen, bis der Schmarren goldbraun und luftig ist (ca. 6–7 Minuten). Umdrehen, weitere 3–4 Minuten backen. Dann mit 1 EL Zucker bestreuen, in Stücke reißen, die restliche Butter dazugeben, noch kurz heiß durchrösten (karamellisieren). Inzwischen Marillen vierteln, entkernen. 1 EL Zucker mit 1 EL Wasser in einer Pfanne zergehen lassen, Marillen und Limettensaft einrühren, kurz köcheln lassen, vom Feuer nehmen.

2 Pfannen, 1 Schüssel, Schneebesen
15 Minuten
Ca. 690 kcal

Statt Marillen kann man Kirschen, Zwetschken, Äpfel oder Beeren für den Röster verwenden

Zutaten:

2 Eier (M)
100 ml Milch
40 g glattes Mehl
1 Prise Salz
Feinkristallzucker
4–5 reife Marillen
Saft einer Limette
2 EL Butter

Marillen-Ritter

Zutaten:
altbackener Striezel
70 ml Milch (ca. 7 EL)
1 Ei (M)
Staubzucker
Marillenmarmelade
2 Marillen
Zitronensaft
Butter zum Braten

Außerhalb der Marillensaison mit anderem Kompott oder einfach mit Zimtzucker bestreut essen

Marillen entkernen und in Spalten schneiden. Zitronensaft und 1 EL Marillenmarmelade verrühren, die Marillenstücke damit marinieren. Striezel in zwei 2–3 cm dicke Scheiben schneiden und entrinden. Milch mit dem Ei versprudeln. In einer Pfanne etwas Butter erhitzen, Striezelstücke in die Eiermilch tunken und dann in der Butter beidseitig knusprig braun braten. Herausheben, anzuckern, mit den Marillen anrichten.

1 Schüssel, 1 Pfanne
10 Minuten
Ca. 550 kcal

Herbst

Gemüse-Grieß-Suppe

Eine Karotte, eine gelbe Rübe und das Stück Sellerie schälen und grob reiben. Butter in einem Topf schmelzen, geschnittenen Lauch, Wurzelwerk und Grieß darin kurz rösten. Mit ⅓ l heißem Wasser aufgießen, 6–7 Minuten köcheln lassen. Zwiebel mitsamt Grün in feine Ringe schneiden, mit Obers in die Suppe rühren, mit Salz, Pfeffer und ein paar Tropfen Limettensaft oder Essig abschmecken.

1 Topf
15 Minuten
Ca. 310 kcal

Zutaten:

1 Bund Wurzelwerk
1 EL Weizengrieß
1 kleine Stange Lauch
1 Jungzwiebel
1 EL Butter
2–3 EL Obers oder Crème fraîche
Salz, Pfeffer
Limettensaft oder Essig

Rote-Rüben-Suppe

mit Pinienkernen

Schalotte schälen und fein würfeln. Rote Rüben aus der Verpackung nehmen, würfeln. Schalotten in Öl weichdünsten, ohne Farbe nehmen zu lassen. Rüben und Kreuzkümmel dazugeben, mit ⅓ l heißem Wasser aufgießen und mit Suppenpulver würzen. Kurz köcheln lassen, mixen. Mit Zitronensaft und Salz abschmecken. Pinienkerne ohne Fett in einer Pfanne rösten, auf die Suppe streuen.

1 Topf, 1 Pfanne, Mixer
8 Minuten
Ca. 295 kcal

Zutaten:

2–3 gekochte Rote Rüben (ca. 250 g, gibt's vakuumiert im Supermarkt)
1 Schalotte
1 EL Öl
½ TL Bio-Gemüsesuppenpulver
1 Msp. Kreuzkümmel
Zitronensaft
1 EL Pinienkerne
Salz

Pinienkerne brennen leicht an – milde Hitze, Pfanne schwenken

Erdäpfelsuppe

mit frischem Koriander

Zutaten:

2–3 Erdäpfel (200 g)
100 ml Kokosmilch
2–3 cm frischer Ingwer
Salz
weißer Pfeffer
ein paar Ästchen Koriander

Auf diese Art lässt sich auch Süßkartoffel- oder Kürbissuppe herstellen

Erdäpfel schälen und klein würfeln, in ¼ l Wasser zugedeckt weich kochen. Ingwer schälen und fein reiben, dazugeben. Ca. ein Drittel der Erdäpfelwürfel herausheben und ganz lassen, den Rest mitsamt der Kochflüssigkeit pürieren. Kokosmilch einrühren, erhitzen, mit Salz und Pfeffer abschmecken. Die Erdäpfelwürfel wieder dazugeben, Koriander grob hacken, unterrühren.

1 Topf, Reibe
10 Minuten
Ca. 340 kcal

Broccolisuppe

mit Speck

Schalotte in dünne Spalten, Speck in grobe Streifen schneiden. Schalotte und Speck in einem Topf anbraten, wieder herausnehmen, beiseitestellen. ¼ l Wasser im gleichen Topf zum Kochen bringen, mit Suppenpulver würzen. Erdäpfel schälen und klein würfeln, dazugeben. Broccoli putzen und grob zerkleinern, etwas später ebenfalls dazugeben. Köcheln lassen, bis das Gemüse weich ist. Mit einem Stabmixer fein pürieren. Mit Salz, Pfeffer und Zitronensaft abschmecken, Speck und Zwiebel darüberstreuen.

1 Topf, Mixer
12 Minuten
Ca. 410 kcal

Nimmt man einen Teil der Röschen heraus, sobald sie bissfest gekocht sind, kann man sie später als zusätzliche Einlage wieder hineingeben

Zutaten:

1 Schalotte
2 Scheiben Bauchspeck
1 mittelgroßer Erdapfel
200 g Broccoli
1 TL Bio-Gemüse-suppenpulver
Zitronensaft
Salz, Pfeffer

Kürbiscurry

mit Reis

Reis in Butter anschwitzen, mit der doppelten Reismenge Wasser aufgießen, zugedeckt 10 Minuten köcheln lassen, abdrehen, ziehen lassen. Kürbis schälen, in 2 cm große Würfel schneiden. Schalotte, Knoblauch und Ingwer schälen und fein hacken. Öl in einer Pfanne erhitzen, Senfkörner darin rösten, bis sie springen, Schalotte dazugeben, anschwitzen. Kürbisstücke, Knoblauch und Ingwer dazugeben und kurz weiterrösten. Currypulver unterrühren, mit Kokosmilch und ebenso viel Wasser aufgießen. 5 Minuten zugedeckt garen, dann offen weitere 5 Minuten köcheln lassen, dabei immer wieder umrühren. Mit Reis anrichten, mit grob gehacktem Koriander bestreuen.

Zutaten:

1 Schalotte
250 g Muskatkürbis (eine Spalte)
1 TL Senfkörner
1 Knoblauchzehe
100 ml Kokosmilch
Currypulver (scharf oder mild)
2–3 cm frischer Ingwer
50 g Basmatireis
1 TL Butter
1 EL Öl
Salz
Korianderblätter

1 Topf, 1 Pfanne (Wok) mit Deckel
15 Minuten
Ca. 570 kcal

Statt Muskatkürbis passt hierfür auch Butternuss oder Hokkaido. Hokkaidokürbis hat den Vorteil, dass man ihn nicht schälen muss, dafür ist er aber härter zu schneiden

Gnocchi

mit Gorgonzola, Sellerie und Nüssen

Milch zum Kochen bringen, Gorgonzola unter Rühren darin auflösen, etwas einkochen lassen.
Staudensellerie in feine Ringe schneiden. Butter in einer Pfanne zerlassen, Gnocchi darin rundherum sanft anbraten, dann Sellerie und Nüsse dazugeben, kurz mitrösten. Mit der Gorgonzolasauce vermischen, mit Salz und Pfeffer würzen.

1 Topf, 1 Pfanne
7 Minuten
Ca. 630 kcal

Zutaten:

50 ml Milch
40 g Gorgonzola
½ Stange Staudensellerie
1 TL Butter
1 EL gehackte Walnüsse
Gnocchi aus dem Kühlregal (ca. 200 g)
Salz, Pfeffer

Wenn man fertige Gnocchi in wenig Fett brät, anstatt sie in Wasser zu kochen, schmecken sie feiner

Rote-Rüben-Carpaccio

mit Ziegenkäse und Walnüssen

Darf es länger dauern, wickelt man rohe Rüben zusammen mit Thymian und Kümmel dicht in Butterpapier und bäckt sie im Ofen bei 200 °C 1 Stunde

Zutaten:

200 g rote Rüben, gekocht (gibt's vakuumiert im Supermarkt)
50 g halbfester Ziegenkäse (alternativ Feta)
3–4 Walnusskerne
1 fester säuerlicher Apfel
Salz, Pfeffer
gutes Olivenöl
Balsamessig
evtl. Schwarzbrot

Rüben entweder in der ungeöffneten Vakuumverpackung in heißes Wasser legen oder herausnehmen und über Dampf anwärmen. Lauwarm in 0,5 cm dicke Scheiben schneiden. Apfel entkernen, ebenso in Scheiben schneiden. Beides auf einem Teller verteilen, Käse darüberbröseln, gehackte Nüsse darüberstreuen. Mit reichlich Balsamessig und Olivenöl beträufeln, salzen, pfeffern. Dazu passt Schwarzbrot.

1 kleiner Topf
12 Minuten
Ca. 450 kcal (ohne Brot)

Kürbis-Puffer

Schalotte schälen und fein hacken. Schale des Kürbis mit einem Rohschäler wegschälen (außer beim Hokkaido – da wird sie mitgegessen). Fruchtfleisch grob raffeln, sofort mit Ei und Mehl verrühren, mit Salz, Cayenne und Kreuzkümmel würzen.
1 EL Olivenöl in einer Pfanne erhitzen, Kürbismasse mit einem Löffel in 3–4 Häufchen hineinsetzen und flach drücken.
Beidseitig 3–4 Minuten braten. Dazu: Blattsalat.

Reibe, 1 Pfanne, Rohschäler
12 Minuten
Ca. 460 kcal (ohne Salat)

In Griechenland gibt man noch gehackte Minze und kleinwürfelig geschnittenen Feta in die Kürbismasse. Auch gut!

Zutaten:

250 g Kürbis
(z.B. eine Spalte Muskat oder Butternuss oder ½ Hokkaido)
1 Schalotte
2 EL glattes Mehl
1 Ei (M)
Salz
Cayennepfeffer
Kreuzkümmel
Olivenöl
evtl. Blattsalat

Kürbis-Carpaccio

Kürbis falls nötig entkernen, dann schälen. Das Fruchtfleisch mit einem Rohschäler in hauchdünne Scheiben hobeln, diese locker auf einem Teller verteilen. Salzen und pfeffern. Kürbiskerne in etwas Kürbiskernöl rösten, bis sie springen, dann salzen. Oder Walnusskerne ohne Fett hellbraun rösten und salzen. Pfefferoni in schmale Ringe schneiden. Kürbis großzügig mit Balsamessig und Kürbiskernöl beträufeln, die Kerne und die Pfefferoniringe darüberstreuen. Dazu: Weißbrot.

1 Pfanne, Rohschäler
8 Minuten
Ca. 210 kcal (ohne Brot)

Alle Kürbisse können roh gegessen werden, am besten schmecken die saftigen Moschuskürbisse

Zutaten:

1 Spalte (ca. 200 g) Moschuskürbis – Muskatkürbis, Butternuss oder »Langer von Neapel«
Salz, Pfeffer
guter Apfelbalsamessig
Kürbiskernöl
1 Pfefferoni
1–2 EL Walnusskerne oder ungeröstete Kürbiskerne
evtl. Weißbrot

Cremige Polenta
mit Spinat und Käse

Zutaten:
80 g Polenta
(3-Minuten-Polenta)
1 EL Butter
1 Knoblauchzehe
1/8 l Milch
Salz, Pfeffer
100 g junge
Spinatblätter
30 g Gorgonzola

Im Frühling passt auch Bärlauch statt Spinat

Spinat waschen, abtropfen lassen. Knoblauch schälen, fein hacken. Butter in einem Topf zerlassen, Knoblauch darin farblos anschwitzen. Polenta einrühren, mit Milch aufgießen, sofort mit einem Schneebesen glattrühren. ¼ l Wasser nach und nach zugießen, sodass ein sämiger Brei entsteht. Die Spinatblätter einrühren, sie fallen nach 1 Minute zusammen. Dann den in kleine Stücke geschnittenen Gorgonzola unterrühren. Mit Salz und Pfeffer abschmecken.

1 Topf, Schneebesen
10 Minuten
Ca. 570 kcal

Kohlsprossen

mit Maroni

Wasser zustellen, salzen. Kohlsprossen putzen, Stiele ein wenig einschneiden, damit sie schneller durch sind. 10 Minuten kernig kochen. Inzwischen 1 EL Butter in einer Pfanne zerlassen, Maroni darin anschwitzen. Mit 5 EL Kohlsprossen-Kochwasser aufgießen, einen Schuss Obers einrühren, kurz köcheln lassen. Salzen, pfeffern. Den Weichkäse in kleine Stücke schneiden, einrühren, bis eine cremige Sauce entstanden ist. Kohlsprossen abgießen und druntermischen. Dazu: Schwarzbrot.

1 Topf, 1 Pfanne
15 Minuten
Ca. 450 kcal (ohne Brot)

Gegarte Maroni gibt's in guter Qualität vakuumiert zu kaufen

Zutaten:

250 g frische Kohlsprossen
100 g gegarte Maroni
Obers
Butter
Salz, Pfeffer
Weichkäse (z. B. Camembert)
evtl. Schwarzbrot

Schnelle Krautfleckerln

Zutaten:
100 g Fleckerl
100 g zarte Krautblätter
Salz, Pfeffer
Staubzucker
2 EL Öl
ganzer Kümmel

Wenn man von einem Krautkopf immer nur die äußeren Blätter abzupft, anstatt ihn auseinanderzuschneiden, hat man länger was davon

Fleckerl nach Anleitung in Salzwasser kochen. Krautblätter inzwischen vom Kopf ablösen, in Rauten schneiden, salzen, mit etwas Kümmel bestreuen, ca. 5 Minuten unter stetigem Rühren in Öl rösten. Zum Schluss einen halben Teelöffel Zucker dazugeben und mitrösten, bis der Zucker karamellisiert ist. Mit viel schwarzem Pfeffer würzen. Fleckerl abseihen, grob abtropfen lassen und mit dem Kraut vermischen.

1 Topf, 1 Pfanne
15 Minuten
Ca. 590 kcal

Kabeljau
im Speck

Fisch waschen und trockentupfen, dann ganz wenig salzen und mit dem Speck umwickeln. 1 EL Öl in einer Pfanne erhitzen, Fisch darin beidseitig ca. 3 Minuten braten, bis der Speck knusprig, das Fischfleisch aber noch glasig ist. Vom Herd nehmen, kurz nachziehen lassen. Inzwischen Spinat waschen und tropfnass in eine heiße Pfanne geben. Zugedeckt bei starker Hitze zusammenfallen lassen, mit Salz, Pfeffer, geriebener Muskatnuss, Öl und Zitronensaft würzen (oder den TK-Spinat bei kleiner Hitze dünsten lassen, bis er aufgetaut ist, dann ebenso würzen). Spinat auf einem Teller anrichten, Fisch darauflegen.

2 Pfannen
10 Minuten
Ca. 390 kcal

Zutaten:
200 g Kabeljau-Rückenstück
4–5 hauchdünne Scheiben Bauchspeck
3 Handvoll Spinat oder 150 g TK-Blattspinat
1 Zitrone
Salz, Pfeffer
Olivenöl
Muskatnuss

Heimische Alternative zum Kabeljau: Zander

Saibling
mit Spinat-Erdäpfel

Zutaten:

1 kleiner Saibling
2–3 mittelgroße Erdäpfel
1–2 Handvoll junge Spinatblätter
1 Knoblauchzehe
Olivenöl
Salz, Pfeffer
1 Zitrone

Statt Saibling Branzino: dafür Fisch vor dem Braten auf jeder Seite 2–3-mal einschneiden und ein wenig Knoblauchbutter reinstreichen

Erdäpfel schälen und in 1 cm große Würfel schneiden. In einer Pfanne 1 EL Öl erhitzen, Erdäpfel darin anbraten und zugedeckt ca. 7 Minuten garen, dabei immer wieder durchrühren. Inzwischen Spinat waschen, abtropfen lassen, einige Male durchschneiden. Knoblauch schälen und fein hacken. Saibling innen und außen waschen, trockentupfen, mit Zitronensaft beträufeln und salzen. 1 EL Öl in einer beschichteten Pfanne erhitzen, den Fisch darin bei mäßiger Hitze auf jeder Seite ca. 5 Minuten knusprig braten. Spinat und Knoblauch zu den Erdäpfeln geben und offen 2–3 Minuten rösten. Mit Salz, Pfeffer und Zitronensaft abschmecken.

2 Pfannen
15 Minuten
Ca. 440 kcal

Karpfenfilet

mit Reisnudeln

Karpfenfilets am besten geschröpft kaufen

Zutaten:

150 g Karpfenfilet
50 g dünne Reisnudeln
1 Jungzwiebel
½ roter Paprika
1–2 cm Ingwer
1 Knoblauchzehe
Maiskeimöl
Sesamöl
Sweet Chilisauce
Sojasauce

Reisnudeln mit kochendem Wasser übergießen und laut Anleitung auf der Packung quellen lassen. Karpfen waschen, trockentupfen. Zwiebel in Ringe schneiden, Paprika würfeln, Ingwer und Knoblauch schälen und fein hacken. 1 EL Maiskeimöl in einer beschichteten Pfanne erhitzen, die gesalzenen Karpfenfilets darin auf der Hautseite knusprig braten, umdrehen, kurz ziehen lassen, herausheben, warmhalten. Paprika und die weißen Teile der Zwiebel in der Pfanne anschwitzen, Ingwer und Knoblauch einschwenken. Die abgetropften Reisnudeln unterheben, mit Chilisauce, Sojasauce und Sesamöl würzen. Karpfen auf den Nudeln anrichten, mit Zwiebelgrün bestreuen.

1 Pfanne
10 Minuten
Ca. 450 kcal

Saiblingsfilet
mit Paprika-Polenta

Paprika halbieren, entkernen, klein würfeln. 1 TL Butter in einer Pfanne erhitzen, Paprika darin anschwitzen. Mit Milch aufgießen, Polenta einrieseln und ein paar Minuten köcheln lassen, dabei ständig umrühren. Petersilie untermischen, mit Salz abschmecken. Fischfilets abwaschen, trockentupfen, salzen. 1 EL Öl und 1 TL Butter in einer Pfanne erhitzen, Fisch darin auf der Hautseite knusprig braten, dann umdrehen und kurz ohne Hitze ziehen lassen. Fisch auf die Polenta setzen, mit dem Saft aus der Pfanne beträufeln.

2 Pfannen
10 Minuten
Ca. 530 kcal

Statt mit Milch kann man die Polenta auch mit Gemüsesuppe oder einfach nur mit Wasser kochen

Zutaten:

1–2 Saiblingsfilets mit Haut (ca. 200 g)
Olivenöl
Butter
1 kleiner roter oder gelber Paprika
1/8 l Milch
30 g Polenta (Maisgrieß)
Salz
1 EL gehackte Petersilie

Chilihuhn

mit Broccoli

Gomasio ist eine Mischung aus Sesam und Meersalz. Muss nicht sein, macht's aber fein würzig

Zutaten:

200 g Hühnerfleisch (Brust oder ausgelöste Keulen)
1 Broccolirose (200 g)
Sojasauce
Sweet Chilisauce
Salz
Pflanzenöl
Sesamöl
Zitronensaft
Gomasio

Die Broccolirose zerteilen, die Stiele schälen. Wasser zum Kochen bringen, salzen, zuerst die gewürfelten Stiele hinein, 3 Minuten später auch die Röschen. 1 EL Sojasauce mit 1 TL Sesamöl und 1 EL Zitronensaft verrühren. Den bissfesten Broccoli abseihen und in der Marinade ziehen lassen. Inzwischen Hühnerfleisch in fingerdicke Streifen schneiden. In einer Pfanne 1 EL Öl erhitzen, Fleisch darin 5 Minuten braten, dabei immer wieder umrühren. Mit 1 TL Gomasio bestreuen, mit 1 EL Sojasauce und 1 TL Chilisauce aufgießen, Hitze reduzieren, weitere 3 Minuten ziehen lassen.

1 Topf, 1 Pfanne
12 Minuten
Ca. 420 kcal

Pikante Früchte

mit Schafkäse und Speck

Statt Feigen und Nektarinen kann man auch Marillen oder große Ringlotten verwenden

Zutaten:

3 frische Feigen
1 Nektarine
50 g weicher Schafkäse
6 hauchdünne Scheiben Hamburgerspeck
1 Handvoll Salatblätter
10 frische Minzblätter
Balsamessig
Olivenöl
Pfeffer

Backrohr auf 220 °C vorheizen. Feigen kreuzweise einschneiden, Nektarine einschneiden, Kern entfernen. Käse zerbröseln, die Früchte damit füllen. Mit je 2 Speckscheiben umwickeln, in eine kleine Auflaufform setzen, 10 Minuten mit Heißluft backen. Salat und Minze waschen, auf einen Teller legen, die gebackenen Früchte daraufsetzen. Bratrückstand in der Form mit je einem Schuss Balsamessig, Öl und etwas Pfeffer verrühren, diese Marinade über Salat und Früchte gießen. Heiß essen.

Backrohr, feuerfeste Form
15 Minuten
Ca. 450 kcal

Sellerie-Eierspeis

Sellerie schälen und in 1 cm große Würfel schneiden. Öl in einer Pfanne erhitzen, Selleriewürfel darin bei mäßiger Hitze zugedeckt langsam braten, Pfanne dabei immer wieder durchschwenken. Wenn die Würfel zart gebräunt und bissfest bis weich sind (nach ca. 10 Minuten), die verquirlten Eier darübergießen, Deckel darauf, 2–3 Minuten bei minimaler Hitze stocken lassen. Salzen, pfeffern, viel frisch geschnittenen Schnittlauch darüberstreuen, mit Nussbrot essen.

1 Pfanne mit Deckel
15 Minuten
Ca. 310 kcal (ohne Brot)

Sellerie wird beim Braten herrlich intensiv

Zutaten:
150 g Knollensellerie
2 Eier
1 EL Olivenöl
Schnittlauch
Salz, Pfeffer
evtl. Nussbrot

Nierndl
in Senfsauce

Zutaten:
2 kleine Schweinsnieren
1 kleine Zwiebel
2 TL Öl
Mehl
Salz, Pfeffer
1 EL Dijonsenf
1 TL Essig
1 Schuss Obers (ca. 4 EL)
frische Kräuter (Estragon, Petersilie)
1 Packung Express-Reis

Beim Einkauf auf helle Nieren achten, keinesfalls dunkelrote nehmen

Zwiebel schälen, halbieren und in feine Halb-Ringe schneiden. Nieren längs durchschneiden, Stränge großzügig entfernen, dünnblättrig schneiden. In heißem Fett anrösten, salzen, pfeffern, auf einen warmen Teller gleiten lassen, mit einem zweiten Teller zudecken. Die Zwiebeln in derselben Pfanne hellbraun weich braten, mit Mehl stauben, mit Essig ablöschen. Senf einrühren, mit Obers und etwas Wasser aufgießen und durchrühren. Nierndl zurück in die Sauce, kurz warm werden lassen, gehackte Kräuter einschwenken. Währenddessen Reis laut Packungsanweisung erhitzen.

2 Pfannen
12 Minuten
Ca. 520 kcal

Feldhase

mit roten Rüben und Maroni

Rüben entweder in der ungeöffneten Vakuumverpackung in heißes Wasser legen oder herausnehmen und über Dampf wärmen. Lauwarm in 1–2 cm große Würfel schneiden. Essig, Honig, je eine Messerspitze gemahlenen Zimt und Kardamom, 3 EL Öl, Salz und Pfeffer verrühren, die Rüben darin marinieren. Hasenrücken salzen, pfeffern und zusammen mit einer ungeschälten, angequetschten Knoblauchzehe und Thymian in 1 EL Öl beidseitig braten. Rausnehmen, in Alufolie rasten lassen. Bratrückstand mit Portwein ablöschen, Maroni einschwenken.

1 Topf, 1 Pfanne, Alufolie
12 Minuten
Ca. 570 kcal

Je länger die Rüben in der Marinade ziehen, desto besser werden sie

Zutaten:

150 g Hasenrückenfilet
1 Knoblauchzehe
1 Ästchen frischer Thymian
Salz, Pfeffer
150 g rote Rüben, gekocht
Zimt, Kardamom
2 EL Apfelessig
1 TL Honig
Distel- oder Olivenöl
6–7 gekochte, geschälte Maroni
Portwein

Rehschnitzel
mit gebratener Polenta

Zutaten:
150 g Rehschnitzelfleisch
1 Scheibe Speck
1 EL Olivenöl
Salz, Pfeffer
2 Wacholderbeeren
Portwein
1 EL Butter
200 g Fertigpolenta
(z. B. von »Sonncorn«)
Preiselbeerkompott

Für eine sämigere Sauce rührt man 2–3 EL geschlagenes Obers hinein

Fleisch leicht klopfen, einstechen, Speckstreifen durchziehen (spicken). Mit Salz und Pfeffer würzen, in heißem Öl beidseitig rasch braten. Auf einen warmen Teller legen, mit einem zweiten Teller zudecken und rasten lassen. Bratrückstand mit einem Schuss Portwein ablöschen, gequetschte Wacholderbeeren dazugeben. Den Saft, der sich unter dem rastenden Fleisch gesammelt hat, zurück in die Pfanne gießen, aufkochen, mit 1 TL kalter Butter binden, 1 TL Preiselbeeren einrühren, abschmecken. Inzwischen Polenta in fingerdicke Scheiben schneiden und bei geringer Hitze in Butter braten.

2 Pfannen
10 Minuten
Ca. 650 kcal

Rind

mit Fisolen und Couscous

Fleisch in Scheiben schneiden. Zwiebel schälen, halbieren, längs in Streifen schneiden, Paradeiser klein würfeln. Couscous mit kochendem Wasser bedecken, salzen, quellen lassen. 1 EL Öl in einer Pfanne erhitzen, Fleisch darin kurz und sehr heiß anbraten, herausnehmen, zwischen zwei Tellern warmhalten. Zwiebel in die Pfanne geben, anschwitzen. Gewürzmischung einstreuen, Paradeiser samt Saft unterrühren. Fisolen und gegebenenfalls Chili dazugeben, zugedeckt 5 Minuten köcheln lassen. Das Fleisch samt dem ausgetretenen Saft unterheben, mit Salz abschmecken. Couscous mit 1 EL Öl begießen und mit einer Gabel auflockern.

1 Pfanne, 1 hitzefeste Schüssel
12 Minuten
Ca. 530 kcal

Zutaten:

150 g Rindfleisch zum Kurzbraten (z. B. Hüftsteak)
1 kleine Zwiebel
2 mittelgroße Paradeiser
100 g Fisolen (TK)
1 EL »Berbere« – äthiopische Gewürzmischung (Fa. Sonnentor)
Chili nach Geschmack
60 g Couscous
Salz
Pflanzenöl

Statt Berbere kann man auch Ras el Hanout oder scharfes Currypulver zum Würzen nehmen

Faschierte Laibchen

mit Erdäpfelpüree

Zutaten:
2–3 mittelgroße Erdäpfel
150 g Faschiertes (gemischt)
1 Scheibe Toastbrot
1 Ei (M)
1 Knoblauchzehe
1 Schalotte
Salz, Pfeffer
Tabascosauce oder Cayennepfeffer
Rapsöl
Butter
Milch
Muskatnuss

Noch würziger werden die Laibchen, wenn man etwas Dijonsenf in die Masse rührt

Ein viertel Liter Wasser zustellen. Erdäpfel schälen, in 1 cm große Würfel schneiden, zugedeckt im Wasser weich kochen. Inzwischen Toastbrot in Wasser einweichen. Schalotte und Knoblauch schälen, fein hacken. Brot ausdrücken und zerpflücken, mit Fleisch und Ei verkneten, mit Salz, Pfeffer und Tabasco würzen. Flache Laibchen formen, in heißem Öl beidseitig schön braun braten. Erdäpfel abgießen, mit 1 TL Butter und 2–3 EL Milch stampfen, mit Salz und Muskatnuss abschmecken.

1 Topf mit Deckel, 1 Schüssel, 1 Pfanne
15 Minuten
Ca. 620 kcal

Schinken & Käs'-Reibetatschi

Schinken feinnudelig schneiden, Käse reiben oder klein würfeln. Erdäpfel schälen und grob reiben. In einer kleinen Schüssel alles flott mit Ei und Maizena verrühren, salzen, pfeffern. In einer beschichteten Pfanne 1 EL Öl erhitzen, aus der Masse mit einem Löffel drei Häufchen hineinsetzen, vorsichtig flach drücken. Ca. 5 Minuten knusprig braun braten, umdrehen, fertigbraten. Dazu passt ein scharfer Chilidip und/oder Salat.

1 Pfanne, 1 Schüssel, Reibe
15 Minuten
Ca. 580 kcal (ohne Salat und Dip)

Zutaten:

2–3 Erdäpfel (200 g)
40 g Schinken
30 g Bergkäse
1 Ei
1 EL Maizena
Salz, Pfeffer
Pflanzenöl
evtl. Salat und/oder Chilidip

Bröselnudeln

mit Birnenkompott

Bandnudeln kochen. Birne schälen, vierteln, Kerngehäuse entfernen, die Spalten dann noch ein- bis zweimal längs durchschneiden. 1 EL Zucker in einer Pfanne schmelzen, Birnenspalten darin wenden, mit einem Schuss Wein ablöschen. 3 EL Wasser und ein paar Tropfen Zitronensaft dazugeben, zugedeckt ca. 5 Minuten ziehen lassen. 1–2 Esslöffel Butter in einer Pfanne zerlassen, Bröseln und geriebene Nüsse darin kurz hell rösten, Zucker nach Belieben und eine Prise Zimt unterrühren. Nudeln abgießen, kurz abtropfen lassen, mit den Bröseln vermischen. Mit den Birnen essen.

1 Topf, 2 Pfannen
10 Minuten
Ca. 650 kcal

Kann man auch mit Schupfnudeln machen und/oder Mohn dazugeben

Zutaten:

100 g Bandnudeln
Butter
3 EL Semmelbrösel
1 EL geriebene Walnüsse
Zucker
Zimt
1 mittelgroße, feste Birne
Weißwein und/oder Zitronensaft

Williams-Schmarren

Kann man auch mit Äpfeln statt mit Birnen machen

Zutaten:

2 Eier (M)
1/8 l Milch
3 EL Mehl
Salz
Butter
1 Williams-Birne
Williamsbirnen-Brand
Kristallzucker
1 Bio-Zitrone
Staubzucker

Birne schälen, in Spalten schneiden, Kerngehäuse entfernen. Eier trennen. Eiweiß mit einer Prise Salz steif schlagen. Dotter, Milch, Mehl, etwas abgeriebene Zitronenschale und einen Schuss Birnenbrand verrühren, unter den Schnee heben. 1 EL Butter in einer Pfanne zerlassen, 1 EL Kristallzucker einstreuen. Birnenspalten einlegen, anschwitzen, wenden. Eiermasse über die Birnen fließen lassen, zugedeckt auf kleiner Flamme ca. 5 Minuten backen. Umdrehen, 5 Minuten zugedeckt fertig garen. Schmarren in Stücke reißen und offen knusprig braun backen. Mit Staubzucker bestreuen.

2 Schüsseln, 1 Pfanne, Mixer, Reibe
15 Minuten
Ca. 510 kcal

Topfennockerl

mit Zwetschkenröster

Zutaten:

150 g Topfen (20 % Fett)
1 Ei (M)
2–3 EL glattes Mehl
Salz
3 EL Brösel
1 EL Butter
Zucker
Zimt
8–10 Hauszwetschken
Zitrone

Die Löffel vor jedem Nockerl ins heiße Wasser tauchen

Einen Topf mit Wasser zustellen. Topfen, Ei, eine Prise Salz und Mehl zu einem Teig verrühren. Zwetschken entkernen.
1 EL Zucker in einer Pfanne zerlassen, Zwetschken und etwas Zitronensaft dazugeben, zugedeckt bei kleiner Hitze köcheln lassen. Aus dem Teig mittels zweier nasser Esslöffel Nockerl formen, ins kochende Wasser einlegen, ziehen lassen, bis sie nach oben steigen. Butter schmelzen, Brösel, 1 EL Zucker und etwas Zimt dazugeben, hellbraun rösten. Nockerl darin wälzen.

1 Schüssel, 1 Topf, 1 Pfanne mit Deckel, 1 kleine Pfanne
10 Minuten
Ca. 570 kcal

Kakaopalatschinken

mit Maroni und Apfel

Apfel vierteln, schälen, Kerngehäuse entfernen, in Spalten schneiden. In wenig Wasser mit Zucker und Zimt aufkochen, vom Feuer nehmen, ziehen lassen. Milch mit Kakao versprudeln, mit Ei, Mehl und einer Prise Salz zu einem glatten Teig verrühren. Butter in einer beschichteten Pfanne zerlassen, etwas Teig eingießen und rasch in der Pfanne verteilen. Sobald die Palatschinke Blasen wirft, umdrehen, auf der zweiten Seite fertig backen. 2–3-mal wiederholen – je nach Pfannengröße. Palatschinken mit Maronicreme bestreichen, einrollen, mit Apfelkompott essen.

Schneebesen, 1 Topf, 1 Pfanne, 1 Schüssel
15 Minuten
Ca. 590 kcal

Süße Maronicreme gibt's im Glas oder in der Dose zu kaufen

Zutaten:

1 Ei (M)
1/8 l Milch
2–3 gehäufte EL glattes Mehl
Salz
2 TL Kakaopulver
Butter
süße Maronicreme
1 säuerlicher Apfel
1 TL Zucker
1 Zimtstange

Zwetschkenknödel

Zutaten:
150 g Topfen (20% Fett)
1 Ei (M)
3–4 EL glattes Mehl
Salz
3–4 Zwetschken (oder Marillen, Ringlotten)
3–4 Moccawürfel Zucker
3 EL Semmelbrösel
1 EL Butter
1 EL Zucker

Einen breiten Topf mit ca. 1 l Wasser zustellen. Topfen, Ei, Mehl und eine Prise Salz glatt verrühren. Zwetschken längs aufschneiden, Kern rausnehmen, je einen Würfel Zucker hineinstecken, zusammendrücken. Jeweils einen Patzen Teig in die nassen Hände nehmen, Zwetschke darauflegen, Teig vorsichtig rundherum verstreichen. Knödel direkt ins kochende Wasser einlegen und 7–8 Minuten ziehen lassen. Butter in einer Pfanne zerlassen, Brösel dazugeben, hell anschwitzen, Zucker dazu, gut durchmischen. Knödel aus dem Wasser heben, in den Bröseln wälzen. Heiß essen.

1 Schüssel, 1 Topf, 1 Pfanne
15 Minuten
Ca. 560 kcal

Powidl-Palatschinken

mit Rahm

Ei und Milch gut verrühren, dann das Mehl und eine Prise Salz untermischen. Butter in einer Pfanne zerlassen, Palatschinkenteig einlaufen lassen und sofort in der ganzen Pfanne dünn verteilen. Beidseitig hell backen (reicht für 3–4 Palatschinken). Die fertigen Palatschinken mit Powidl bestreichen, auf Viertel zusammenklappen, auf einen gewärmten Teller legen. Sauerrahm mit Zucker und etwas Zitronensaft verrühren, mit den Palatschinken anrichten.

1 Schüssel, 1 Pfanne
12 Minuten
Ca. 480 kcal

Wenn man Powidl leicht erwärmt, lässt es sich besser streichen

Zutaten:
1 Ei (M)
1/8 l Milch
2–3 EL Mehl
Salz
Butter
Powidl
2–3 EL Sauerrahm
1 TL Staubzucker
Zitronensaft

Winter

Schnelle Misosuppe

Wasser in einem Topf erhitzen. Alge in mehrere Stücke brechen, dazugeben. Karotte und gelbe Rübe schälen und in feine Streifen, Jungzwiebel in feine Ringe schneiden. Wurzelgemüse und die weißen Zwiebelringe ins Wasser geben, köcheln lassen. Pilze grob zerkleinern, dazugeben, 5–10 Minuten weiterköcheln. Tofu würfeln, in die Suppe geben. Miso einrühren, vom Herd nehmen, ziehen lassen. Jungzwiebel-Grün darüberstreuen.

1 Topf
15 Minuten
Ca. 130 kcal

Zutaten:

3–4 cm Wakame-Alge
1 Jungzwiebel
1 kleine Karotte
1 gelbe Rübe
2–3 frische Shiitake-Pilze
ca. 50 g Tofu
1–2 EL helle Miso-Paste (aus dem Asia-Laden)

Je nach Saison passen auch andere Gemüse in die Suppe – von Erbsenschoten über Sojasprossen bis Zucchiniwürfel

Karotten-Kokos-Suppe

mit Ingwer

Karotten schälen und grob raffeln. Mit ¼ l Wasser zum Kochen bringen, 5–7 Minuten köcheln lassen. Kokosmilch dazu, aufkochen, mit einem Stabmixer pürieren. Orangensaft, etwas Salz und eine Prise Cayennepfeffer einrühren, nochmals erhitzen. Vom Feuer nehmen, Ingwer reinreiben, noch kurz ziehen lassen. Eventuell mit ein paar Blättchen frischem Koriander bestreuen.

1 Topf, Mixer, Reibe
12 Minuten
Ca. 190 kcal

Der frische Ingwer soll nicht mehr mitkochen

Zutaten:
2–3 Karotten
(geputzt ca. 200 g)
50 ml Kokosmilch
Saft einer halben Orange
Cayennepfeffer
Salz
2 cm frischer Ingwer
evtl. Koriander

Karfiolcremesuppe

Karfiol putzen und in Röschen zerteilen. Stiel klein würfeln. ⅜ l Wasser mit einem Schuss Milch zum Kochen bringen, mit Salz, Pfeffer und einer Prise frisch geriebener Muskatnuss würzen. Karfiol darin bissfest kochen. ⅓ der Röschen herausheben und beiseitestellen. Käse zerzupfen und in die Suppe einrühren, das Ganze pürieren. Die Röschen wieder einlegen, mit viel frischer, gehackter Petersilie bestreuen.

1 Topf, Mixer
15 Minuten
Ca. 180 kcal

Zutaten:

1 kleine Rose Karfiol (geputzt ca. 300 g)
Milch
Salz, Pfeffer
Muskatnuss
2 Scheiben Schmelzkäse oder 1 Eckerl Alma Rahm
Petersilie

Wärmende Bohnensuppe

Rosmarin schmeckt frisch abgezupft am besten und ist als Kräutertöpfchen ziemlich pflegeleicht

Zutaten:

1 Dose kleine rote oder weiße Bohnen (250 g Abtropfgewicht)
1 Packung passierte Paradeiser (200 g)
1 Schalotte
1 Knoblauchzehe
Salz, Pfeffer
Cayennepfeffer
Zucker
getrockneter Thymian
evtl. ein kleines Ästchen frischer Rosmarin
Rapsöl
Essig
evtl. Brot

Schalotte und Knoblauch schälen und fein hacken. 1 EL Öl in einer Pfanne erhitzen, Schalotte darin anschwitzen. Knoblauch dazu, kurz mitrösten. Paradeiser unterrühren. Mit Thymian, Rosmarin, Cayennepfeffer, Salz und einer kleinen Prise Zucker würzen, ein paar Minuten köcheln lassen. Bohnen in einem Sieb abtropfen lassen, mit kaltem Wasser spülen, dann mit der Paradeissauce vermischen und erhitzen. Mit frisch gemahlenem Pfeffer, Salz und Essig abschmecken, mit Brot essen.

1 Pfanne, Sieb
12 Minuten
Ca. 390 kcal (ohne Brot)

Avocado-Orangen-Salat

Zutaten:
1 Orange
1 kleine, reife Avocado
1 Schalotte
1 EL Olivenöl
1 EL Joghurt
Kresse
Salz, Pfeffer

Die Farbe der Avocado sagt nichts über ihren Reifegrad aus, sondern hängt von der Sorte ab. Wichtig ist, dass die Frucht bei leichtem Fingerdruck etwas nachgibt und keine weichen oder dunklen Stellen aufweist

Orange oben und unten kappen, die Schale rundherum wegschneiden, sodass nichts Weißes daran bleibt. Filets mit einem kleinen, scharfen Messer herausschneiden, Saft dabei auffangen, die Reste mit der Hand auspressen. Schalotte schälen und in Ringe schneiden. Avocado halbieren, Kern herausnehmen, Fruchtfleisch schälen, in Würfel schneiden. Joghurt mit 1 EL Olivenöl und dem Orangensaft verrühren. Mit Salz und Pfeffer würzen, Avocado damit marinieren. Avocadosalat anrichten, Orangenfilets und Schalottenringe darauf verteilen. Kresse darüberstreuen, pfeffern.

1 Schüssel
8 Minuten
Ca. 460 kcal

Kässpätzle

Zwiebel schälen, halbieren, in Ringe schneiden. Öl in einer Pfanne erhitzen, Zwiebel darin langsam hellbraun rösten. Wasser in einem großen Topf zustellen, Käse grob reiben. Mehl in eine Schüssel geben, Ei reinschlagen, salzen, nur ganz zart und schnell vermengen, mit etwas kaltem Wasser auf die richtige Konsistenz bringen. Teig mit einem Spätzlehobel ins kochende Wasser streichen. In einer zweiten Pfanne Butter zerlassen. Sobald die Nockerl an die Oberfläche steigen, mit einem Lochschöpfer aus dem Wasser fischen, abtropfen lassen, in die Pfanne geben. Käse darüberstreuen, bei sanfter Hitze rühren, bis er geschmolzen ist. Mit Schnittlauch und Zwiebel bestreuen, aus der Pfanne essen. Dazu passt Vogerlsalat.

2 Pfannen, 1 Topf, Spätzlehobel, Lochschöpfer
15 Minuten
Ca. 770 kcal (ohne Salat)

Noch einfacher geht's mit ca. 200 g fertigen Nockerln aus dem Kühlregal

Zutaten:
60 g Mehl (griffig)
1 Ei (M)
1 mittelgroße Zwiebel
1 EL Rapsöl
je 1 Stück Misch-, Räss- und Bergkäse, insgesamt 60–70 g
1 EL Butter
Schnittlauch
Salz, Pfeffer
evtl. Vogerlsalat

Sauerkrautsuppe

mit geräuchertem Tofu

Schalotte schälen und fein würfeln. In 1 EL Öl anschwitzen. Tofu in 1 cm große Würfel schneiden, dazugeben, kurz mitrösten. ½ TL Paprikapulver einstreuen, durchrühren, sofort mit ⅜ l Wasser (noch besser: Gemüsesuppe) aufgießen. Sauerkraut in ein Sieb geben und kurz durchwaschen, ausdrücken, auf ein Brett legen und einige Male durchschneiden. Kraut in den Topf geben, mit Salz und Cayennepfeffer würzen, zugedeckt mindestens 10 Minuten köcheln lassen. In einen Suppenteller schöpfen, einen Klecks Sauerrahm darauf.

1 Topf mit Deckel
15 Minuten
Ca. 240 kcal

Vorsicht – Paprikapulver wird bitter, wenn man es zu stark anröstet

Zutaten:

100 g Sauerkraut
1 Schalotte
1 EL Pflanzenöl
50 g geräucherter Tofu
edelsüßes Paprikapulver
Cayennepfeffer
Salz
Sauerrahm

Linsentopf
mit Lauch

Rote Linsen sind geschält, brauchen nicht eingeweicht werden und sind in Kürze weich

Zutaten:

60 g rote Linsen
¼ l Wasser
ca. 10 cm Lauch
(vom weißen Teil)
1 Scheibe Speck (ca. 30 g)
1 Knoblauchzehe
Thymian
1 Lorbeerblatt
Salz
Zucker
Cayennepfeffer
Obstessig
Crème fraîche
evtl. Schwarzbrot

Lauch putzen und gut waschen, in feine Streifen schneiden. Knoblauch schälen, fein hacken. Speck würfeln und in einer Pfanne anbraten. Lauch, Knoblauch und eine Prise Zucker dazugeben, anschwitzen. Linsen unterrühren, Lorbeerblatt, einen Stiel Thymian und eine Prise Cayenne hinzufügen, mit Wasser aufgießen. Ca. 8 Minuten zugedeckt köcheln lassen.
1 EL Crème fraîche einrühren, mit einem Spritzer Essig und mit Salz abschmecken. Mit einem Klecks Crème fraîche garnieren. Dazu passt würziges Schwarzbrot.

1 Pfanne mit Deckel
12 Minuten
Ca. 430 kcal (ohne Brot)

Enten-Wok

Zutaten:
1 kleine Entenbrust
½ Paprika
1–2 Jungzwiebeln
1 Karotte
Saft einer halben Limette
2 EL Sojasauce
1 TL Sweet Chilisauce
1 TL Ahornsirup
2 cm Ingwer
1 Stiel Zitronengras
1 Knoblauchzehe
ev. Reis oder Reisnudeln

Die Haut der Entenbrust im Zentimeterabstand kreuzweise einschneiden. Wok sanft erhitzen, Entenbrust mit der Hautseite unten einlegen, bei kräftiger Hitze braten, bis die Haut schön knusprig ist. Umdrehen, kurz weiterbraten, herausheben. Inzwischen Paprika in Streifen, Zwiebeln in Ringe schneiden. Karotte schälen, mit dem Rohschäler in Streifen hobeln. Entenbrust in 1 cm dicke Scheiben schneiden, Saft dabei auffangen. Einen Teil des entstandenen Bratenfetts aus dem Wok abgießen, Wok abermals erhitzen, Fleischscheiben darin beidseitig kurz und scharf braten, rausgleiten lassen, zwischen 2 Tellern warmhalten. Gemüse im Wok heiß anbraten. Harte Schicht vom Zitronengras ablösen, weiches Inneres anquetschen und in Ringe schneiden. Knoblauch und Ingwer schälen, fein hacken. Sojasauce, Sweet Chilisauce, Ahornsirup, Ingwer, Limettensaft, Knoblauch und Zitronengras verrühren, das Gemüse mit der Würzsauce aufgießen. Fleisch mitsamt Bratensaft dazugeben, mit Sojasauce abschmecken. Dazu: Reis oder Reisnudeln.

Auf diese Weise ist die Entenbrust flott gegart und die Haut trotzdem schön knusprig

1 Wok, Rohschäler
15 Minuten
Ca. 560 kcal (ohne Beilagen)

Kohlsprossen

mit Mandel-Nuss-Tofu

Zutaten:

250 g Kohlsprossen
200 g Mandel-Nuss-Tofu
Erdnussöl
Sweet Chilisauce
Teriyakisauce
Mais- oder Kartoffelstärke
Salz

Wasser zustellen, salzen. Kohlsprossen gegebenenfalls von äußeren Blättern mit braunen Flecken befreien, Strunk kreuzweise einschneiden, damit die Sprossen schneller gar sind. Ins Wasser geben, ca. 10 Minuten kochen. Abgießen, mit 1–2 EL Chilisauce marinieren. Tofu in 1 cm dicke Scheiben schneiden und in 1 EL Öl beidseitig anbraten. 2 EL Teriyakisauce (ersatzweise Sojasauce) mit 2 EL Wasser mischen, 1 Messerspitze Stärkemehl einrühren. Tofu damit aufgießen, 1 Minute ziehen lassen. Tofu mit den Kohlsprossen anrichten, mit der Sauce beträufeln.

1 Topf, 1 Pfanne
15 Minuten
Ca. 480 kcal

Erdäpfelpuffer
mit Dillrahm

Erdäpfel schälen und grob raspeln. Mit einem gehäuften Esslöffel Mehl bestreuen und mit den Fingern gut durchmischen. Öl in einer Pfanne erhitzen. Aus der Masse kleine, sehr flache Laibchen formen, ins heiße Fett legen und langsam schön knusprig goldbraun braten. Umdrehen, fertiggaren. Den halben Becher Rahm mit je einer Prise Salz und Zucker und mit ein paar Tropfen Essig verrühren, gehackte Dille untermischen. Die fertigen Puffer auf Küchenpapier legen, abtupfen, zart salzen. Heiß, mit dem Dip essen – am besten mit den Fingern.

1 Pfanne, Reibe, 1 Schüssel
10 Minuten
Ca. 500 kcal

Statt Dille passt auch Schnittlauch

Zutaten:

2–3 große Erdäpfel
Mehl
2–3 EL Öl
Sauerrahm
Zucker
Salz
2 EL frische, gehackte Dille
Balsamessig

Kokos-Fisch-Curry

Ein TL Butter in einem Topf zerlassen, Reis darin anschwitzen, mit der doppelten Menge Wasser aufgießen, salzen, zugedeckt köcheln lassen. Zwiebel waschen, putzen, schräg in Scheiben schneiden. Ingwer schälen, fein hacken. Fischfilet waschen, in mundgerechte Würfel schneiden. Öl in einem Wok erhitzen, Broccoli darin kurz anbraten. Kokosmilch und Fond (oder Wasser) zugießen, mit Salz und Currypulver würzen, ca. 3 Minuten köcheln lassen. Ingwer und Zwiebeln unterrühren, Fischstücke darauflegen, zugedeckt bei schwacher Hitze ca. 5 Minuten ziehen lassen. Mit Salz und Limettensaft abschmecken.

1 Topf, 1 Pfanne mit Deckel
12 Minuten
Ca. 650 kcal

Zutaten:

150 g Broccoliröschen
1 Jungzwiebel
1–2 cm Ingwer
150 g Kabeljaufilet
1 EL Öl
Salz
1 TL Currypulver
100 ml Kokosmilch
100 ml Fischfond
(aus dem Glas)
1 Limette
50 g Reis (parboiled)
Butter

Statt Broccoli passen auch Zucchini oder Erbsenschoten

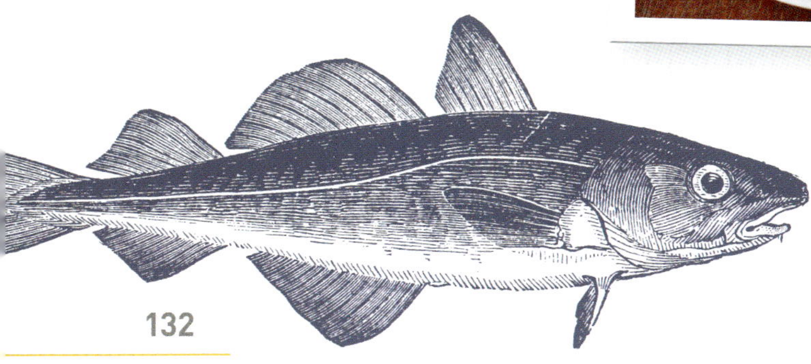

Lachsfilet

mit Wasabipüree

Wasser zustellen, salzen. Erdäpfel schälen, klein würfeln, zugedeckt weichkochen, abgießen, ausdampfen lassen. 1 TL Butter, Wasabipaste und Sauerrahm hinzufügen, alles gemeinsam stampfen, salzen. Fischfilet salzen. Je 1 EL Öl und Butter in einer Pfanne erhitzen, Fisch mit der Hautseite unten hineinlegen und sanft braten, bis die Haut knusprig ist. Umdrehen, ein paar Tropfen Zitronensaft hinzufügen, ziehen lassen. Mit Püree anrichten, die heiße Bratbutter darüberträufeln, Kren frisch darüberreiben.

1 Topf mit Deckel, 1 Pfanne, Reibe
12 Minuten
Ca. 670 kcal

Zutaten:

1 Lachsfilet mit Haut (ca. 200 g)
Butter
Öl
2 große, mehlige Erdäpfel (ca. 200 g)
1 EL Wasabipaste
½ Becher Sauerrahm
Salz
Zitrone
frischer Kren

Asia-Lachs
mit Jungzwiebel

Der Lachs soll innen noch glasig sein

Zutaten:
200 g frisches Lachsfilet mit Haut
3 EL Süßwein
3 EL Sojasauce
1 TL brauner Zucker
1 EL Reisessig oder weißer Balsamico
1 Jungzwiebel
geröstetes Sesamöl
Maiskeimöl
evtl. Basmatireis vorgegart

Süßwein, Sojasauce und Zucker verrühren. Lachs waschen und trockentupfen, für 3 Minuten in die Marinade legen (Hautseite oben). Jungzwiebel putzen und längs in 5 cm lange Streifen schneiden. In einer Pfanne je 1 EL Maiskeim- und Sesamöl erhitzen, den Lachs darin mit der Hautseite unten 2 Minuten scharf anbraten, umdrehen, weitere 2 Minuten braten. Herausnehmen, zwischen 2 Tellern warm stellen. Den Rest der Marinade in die heiße Pfanne gießen, 1 EL Reisessig unterrühren, die Zwiebelstreifen einschwenken. Den Fisch anrichten, mit der Sauce beträufeln. Dazu: Basmatireis.

1 Pfanne
10 Minuten
Ca. 480 kcal (ohne Reis)

Muscheln
im Weinsud

Schalotte schälen, fein hacken, in Butter anschwitzen. Selleriestange in Scheibchen schneiden, dazugeben, Knoblauch schälen, hacken, kurz mitschwitzen. Mit einem kräftigen Schuss Wein ablöschen, mit Fond aufgießen. 5 Minuten köcheln lassen, wenn nötig salzen, 1 EL gehackte Petersilie einrühren. Muscheln inzwischen gut waschen und mit einem Schwamm abbürsten, dann in den Sud legen, zugedeckt 5 Minuten garen. Mit Weißbrot essen.

1 Topf mit Deckel
15 Minuten
Ca. 320 kcal (ohne Brot)

Muscheln, die nach dem Kochen dicht geschlossen sind, wegwerfen!

Zutaten:
500 g frische Miesmuscheln
1 Schalotte
1 Stange Sellerie
1–2 Knoblauchzehen
1 EL Butter
Weißwein
1/8 l Fisch- oder Gemüsefond (gibt's im Glas)
Salz
Petersilie
evtl. Weißbrot

Paprika-Hühnerbrust

mit Nockerln

Ausgelöste Hühnerkeulen sind saftiger als Brust

Zutaten:

150 g Hühnerbrust oder -keule (ohne Haut und Knochen)
1 Schalotte
Sonnenblumenöl
Paprikapulver
Cayennepfeffer
1 Bio-Zitrone
Sauerrahm
Mehl
Salz
Nockerl (aus dem Kühlregal)
Butter
1 kleiner roter Paprika

Schalotte schälen und fein schneiden, ½ Paprika würfeln, Hühnerbrust in Streifen schneiden. 1 EL Öl in einer Pfanne erhitzen, Fleisch darin scharf anbraten, Schalotte und Paprika kurz miträsten. ½ TL Paprikapulver einstreuen, verrühren, mit ca. ⅛ l Wasser (noch besser Hühnersuppe) aufgießen. Etwas Zitronenschale hineinreiben, mit Cayennepfeffer und Salz würzen, 5 Minuten zugedeckt köcheln lassen. 2 EL Sauerrahm mit ½ TL Mehl glattrühren, in die Sauce rühren, aufkochen, mit Salz und Zitronensaft abschmecken. Nockerl inzwischen laut Anweisung wärmen, in Butter schwenken. Mit Paprikastreifen anrichten.

1 Pfanne mit Deckel, 1 Topf, Reibe
15 Minuten
Ca. 460 kcal

Feuriges Putenchili

Fleisch in Streifen schneiden. Zwiebel und Knoblauch schälen und fein hacken. 2 EL Öl in einer Pfanne heiß werden lassen, Fleisch und Zwiebel darin scharf anbraten, Knoblauch kurz mitrösten. Paradeismark einrühren, mit ⅛ l Wasser ablöschen.
Mit Kreuzkümmel, Salz und Cayennepfeffer kräftig würzen.
Bohnen abgießen, abtropfen lassen, unterrühren. Alles aufkochen und 5 Minuten köcheln lassen. Petersilie unterrühren.
Dazu schmecken Taco Chips.

1 Pfanne
12 Minuten
Ca. 550 kcal (ohne Chips)

Mais und Bohnen gibt's auch gemischt in kleinen Dosen

Zutaten:

- 120 g Putenbrust
- 1 Schalotte
- 1 Knoblauchzehe
- 1 EL Paradeismark
- Salz
- Pflanzenöl
- gemahlener Kreuzkümmel
- Cayennepfeffer
- 1 Dose gemischte Bohnen und/oder Mais (ca. 330 g)
- 1–2 EL gehackte Petersilie
- evtl. Taco Chips

Schweinskotelett

in Senfsauce

Salzwasser für den Broccoli zustellen, mit einem Teller abdecken. Fettrand des Koteletts einschneiden, salzen, pfeffern. Öl in einer Pfanne erhitzen, Kotelett darin auf beiden Seiten bei starker Hitze braun anbraten, rausnehmen, auf dem vom Broccoliwasser heißen Teller warmstellen. Im Bratrückstand einen Löffel Senf und etwas Thymian verrühren, mit Obers und eventuell etwas Wasser (noch besser mit Suppe) aufgießen, kurz köcheln lassen, abschmecken, Kotelett wieder einlegen und kurz ziehen lassen. Broccoli aufkochen, abseihen, in Butter schwenken, salzen, pfeffern. Dazu passen Schupfnudeln oder Baguette.

1 Topf, 1 Pfanne
10 Minuten
Ca. 550 kcal (ohne Beilagen)

Statt Kotelett eignet sich auch die feinfaserige Fledermaus vom Schwein

Zutaten:

1 Schweinskotelett
Salz, Pfeffer
frischer Thymian
1 EL Dijonsenf
1 Schuss Obers
1 EL Öl
150 g Broccoliröschen (TK)
Butter
evtl. Baguette oder Schupfnudeln

Sauerkrautsalat

mit Speck

Speckwürfel in einer Pfanne anbraten, fein gehackte Schalotte und Kümmel dazugeben, kurz weiterbraten. Mit Apfelsaft ablöschen, mit Essig und Öl verrühren, mit Salz, Pfeffer, Zucker würzen. Das Sauerkraut mit einer Gabel auflockern, mit dem Speckdressing vermischen, mit Schnittlauch bestreuen. Dazu: Laugenbrezel.

1 Pfanne
10 Minuten
Ca. 390 kcal (ohne Brezel)

Sauerkraut am besten offen bzw. nicht pasteurisiert kaufen!

Zutaten:

200 g rohes Sauerkraut
50 g Speckwürfel
1 Schalotte
Kümmel
25 ml Apfelsaft
1 EL Apfelessig
1 EL Öl
Salz
Pfeffer
½ TL Zucker
Schnittlauch
evtl. Laugenbrezel

Gebratene Blunznradeln

mit Semmelkren

Zutaten:

150 g Blutwurst
2 Semmeln
¼ l Rindsuppe (aus dem TK-Vorrat oder Bio-Würfel)
frischer Kren
Petersilie
Salz
Pfeffer
1 TL Öl

Blutwurst in Kunststoffhülle schält man vor dem Braten, ebensolche in Naturdarm danach

Blutwurst in 1–2 cm dicke Scheiben schneiden. Öl in einer Pfanne erhitzen, die Wurstscheiben einlegen, sanft beidseitig schön knusprig braten. Rindsuppe erhitzen. Semmeln in Würfel schneiden, in einen Topf geben. Mit heißer Suppe übergießen, verrühren. So viel heiße Suppe dazugeben, dass ein dicker Brei entsteht. Kren schälen und reißen, gehackte Petersilie fein hacken. Beides einrühren, nicht mehr kochen. Semmelkren anrichten, Blunzenscheiben dazulegen, mit Kren bestreuen.

2 Töpfe, 1 Pfanne, Reibe
10 Minuten
Ca. 750 kcal

Karamellisierter Chicorèe
mit Schinken

Chicorée der Länge nach halbieren. Zucker und Butter in einer Pfanne zerlassen, Chicorée auf der Schnittfläche einlegen, anbraten, mit Salz und Pfeffer würzen. Mit Orangensaft aufgießen, zugedeckt ca. 8 Minuten schmoren, dabei zwei Mal wenden, wenn nötig etwas Wasser nachgießen. Inzwischen Öl in einer zweiten Pfanne erhitzen, Schinken darin sanft beidseitig knusprig braten. Schinken mit dem Chicorée anrichten, mit dem Saft übergießen.

2 Pfannen
12 Minuten
Ca. 410 kcal

Zutaten:

2 Chicorée
Saft einer halben Orange
Salz, Pfeffer
1 EL Butter
1 TL Zucker
2–3 Blatt (Bein-) Schinken, nicht zu dünn geschnitten
1 TL Öl

Chicorée schmeckt sowohl kalt als Salat als auch geschmort

Rindfleisch

mit Austernsauce und Broccoli

Knoblauch schälen, fein schneiden. Fleisch in dünne Streifen schneiden. Broccoli in kleine Röschen teilen. Öl in Wok oder Pfanne erhitzen, Fleisch unter Rühren darin anbraten, Knoblauch und Broccoli dazugeben, kurz weiterbraten. Austernsauce untermischen, mit Zucker, Salz und Pfeffer abschmecken, weiterrühren, bis der Broccoli bissfest ist. Reis laut Anweisung auf der Packung wärmen.

2 Pfannen
10 Minuten
Ca. 450 kcal

Broccolistiele können mitverwendet werden, wenn man sie großzügig schält und klein schneidet

Zutaten:
120 g Rindfleisch zum kurz Braten
1 EL Öl
1 Knoblauchzehe
120 g frische Broccoliröschen
1–2 EL Austernsauce
Salz, Pfeffer
eine Prise Zucker
vorgegarter Basmati-Reis

Tex-Mex-Quickie

Zutaten:
1 Weizentortilla
100 g gemischtes Faschiertes
1 Jungzwiebel
1 Knoblauchzehe
100 ml passierte Paradeiser oder 2 EL Paradeismark
2 Kirschparadeiser
Tabasco
2 EL geriebener Emmentaler
2 EL Sauerrahm
Salz, Pfeffer
Zitronensaft
Pflanzenöl

Die restlichen Tortillas kommen dicht verpackt ins Tiefkühlfach

Knoblauch schälen, hacken. Zwiebel in feine Ringe schneiden. 1 EL Öl in einer Pfanne erhitzen, die weißen Teile der Zwiebel darin anschwitzen. Fleisch und Knoblauch dazugeben, gut durchrösten. Passierte Paradeiser oder Paradeismark mit etwas Wasser unterrühren, kräftig mit Salz, Pfeffer und Tabasco würzen, köcheln lassen. Paradeiser würfeln, Käse reiben. Sauerrahm mit Salz, Pfeffer und ein paar Tropfen Zitronensaft verrühren. Tortilla in einer beschichteten Pfanne beidseitig erwärmen. Auf einen warmen Teller legen, mit der Fleischfülle bestreichen, mit den Paradeisern und dem Käse bestreuen, einrollen. Mit dem Zwiebelgrün bestreuen, mit der Sauce anrichten.

2 Pfannen
10 Minuten
Ca. 590 kcal

Selchripperl
mit Sauerkraut

Schalotte schälen, fein schneiden und in Öl anschwitzen. Zucker einrühren, Pfeffer, gequetschte Wacholderbeeren und Kümmel dazugeben. Kraut leicht ausdrücken, zwei Mal durchschneiden, untermischen. Mit ⅛ l Wasser aufgießen, aufkochen lassen. Die Ripperln darauflegen, 10 Minuten zugedeckt ziehen lassen.

1 Topf mit Deckel
15 Minuten
Ca. 650 kcal

Zutaten:
1 Schalotte
1 EL Öl
200 g Sauerkraut
1 TL Zucker
200 g gekochte Selchripperl
⅛ l Wasser
2 Wacholderbeeren
5 Pfefferkörner
1 TL Kümmel

Will man das Kraut weicher haben, lässt man es einfach länger ziehen

Geröstete Hühnerleber

mit Erbsenreis

1 TL Butter in einem Topf zerlassen. Reis in einer Tasse abmessen, in der Butter anschwitzen. Mit der doppelten Reismenge Wasser aufgießen, salzen, zum Kochen bringen, bei milder Hitze zugedeckt köcheln lassen. Nach ca. 5 Minuten Erbsen einstreuen, zugedeckt 2 Minuten weitergaren, dann abdrehen, ohne den Deckel zu heben, ziehen lassen. Schalotte schälen, fein schneiden, in 1 EL Öl anschwitzen. Leber putzen und grob zerkleinern, dazugeben, heiß anrösten. Mit Majoran, Salz und Pfeffer würzen. Mit einem guten Schuss Wein ablöschen, kurz köcheln lassen, 1 EL Butter einrühren. Wenn der Reis alles Wasser aufgesaugt hat, ist er fertig – durchrühren, mit der Leber anrichten.

1 Topf mit Deckel, 1 Pfanne
15 Minuten
Ca. 590 kcal

Leber kurz und heiß anrösten, sie soll zwar durch, aber noch saftig sein

Zutaten:

150 g Hühnerleber
1 Schalotte
60 g Langkornreis (parboiled)
1 Handvoll Erbsen (TK)
Butter
Öl
Salz, Pfeffer
getrockneter Majoran
Süßwein (oder Balsamessig)

Kalbsfilet

in der Parmesankruste

Zutaten:
150 g Kalbsfilet (Karreerose oder Lungenbraten)
Mehl
Salz, Pfeffer
1 Ei
Butterschmalz
2 EL geriebener Parmesan
1 Handvoll Vogerlsalat
1 Mandarine
1 EL Cranberries
Dijonsenf
Nussöl
Obstessig

Mandarine zum Filetieren schälen, dann die Filets mit einem kleinen scharfen Messer herausschneiden

Kalbsfilet in gleichmäßig dicke Medaillons schneiden, mit der Hand leicht flach drücken. Ei mit Parmesan versprudeln. In einer Pfanne ca. 1 cm hoch Butterschmalz erhitzen. Fleisch salzen und pfeffern, in Mehl wenden, durchs Ei ziehen und direkt ins heiße Fett legen. Beidseitig ca. 3 Minuten backen, dabei mit heißem Fett übergießen. Mandarine filetieren und ausquetschen. Den Saft mit 1 Msp. Senf, Salz, Pfeffer, 1 TL Essig und etwas Nussöl cremig rühren. Cranberries hacken, dazugeben. Mandarinenfilets und Salat druntermischen. Medaillons herausheben, mit Küchenkrepp abtupfen. Mit dem Salat anrichten.

1 Pfanne, 1 Schüssel
10 Minuten
Ca. 450 kcal

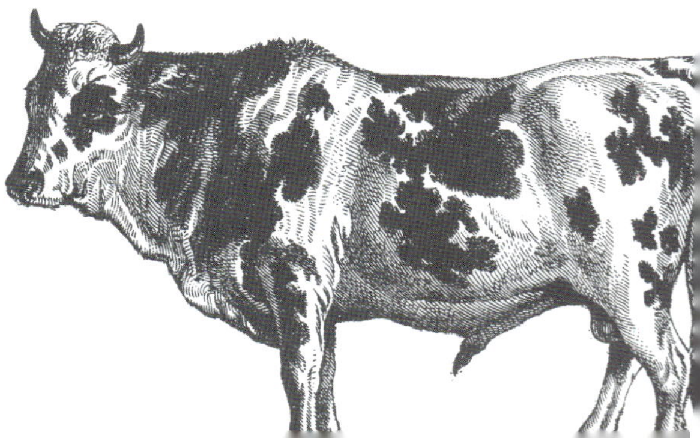

Hamburger

Die restlichen Hamburger-Buns kommen am besten aufgeschnitten und dicht verpackt ins Tiefkühlfach

Zutaten:
1 Hamburger-Bun
100 g Rindfleisch (z.B. Hüfte)
Worcestershiresauce
1 Zwiebel
1 Essiggurkerl
Salz, Pfeffer
Öl
Ketchup
Senf

Das Fleisch mittels scharfem Messer fein hacken, mit Salz und Pfeffer würzen, mit befeuchteten Händen zu einem recht dünnen Laibchen formen. In einer beschichteten Pfanne in etwas heißem Öl schön braun braten, umdrehen, Hitze reduzieren, fertigbraten, mit Worcestershiresauce besprenkeln. Den Hamburger-Bun inzwischen mittig durchschneiden und an den Schnittflächen in der Pfanne rösten. Den unteren Teil mit Senf einstreichen, das Fleischlaberl darauflegen, dann das blättrig geschnittene Gurkerl, darüber dickgeschnittene Zwiebelringe verteilen, darauf ein bisserl Ketchup, Deckel darauf.

1 scharfes Messer, 1 Pfanne
12 Minuten
Ca. 350 kcal

Hühnerspießchen

mit Zimt-Sauce und Couscous

Teriyakisauce mit Ahornsirup und Zimt in einem kleinen Topf erhitzen, auf ganz kleiner Flamme ziehen lassen, Saft einer halben Orange hineinpressen. Couscous in einer kleinen Schüssel mit kochendem Wasser begießen, zugedeckt ca. 5 Minuten quellen lassen. Trockenfrüchte und Nüsse grob hacken, in Butter anschwitzen, unter den Couscous rühren. Fleisch in Stücke, Lauch in 2 cm dicke Ringe schneiden. Fleisch, Lauch und Pilze auf Holzspießchen stecken, in heißem Öl beidseitig 3–4 Minuten braten. Zum Schluss die Sauce dazugießen, Spießchen darin wenden. Couscous mit den Spießchen und der Sauce anrichten.

1 Topf, 1 hitzefeste Schüssel, 1 Pfanne
15 Minuten
Ca. 510 kcal

Wenn man die Spießchen vor dem Aufspießen eine Weile in Wasser legt, lässt sich das Fleisch später besser runterziehen.

Zutaten:

- 1/6 l Teriyakisauce
- 1 EL Ahornsirup
- 1 Zimtstange
- 50 g Couscous
- 2 EL Trockenfrüchte und Nüsse, gemischt
- 150 g Hühnerfleisch ohne Haut
- kleine Kräuterseitlinge (oder andere Pilze)
- 6 cm Lauch
- Butter
- Öl
- 1 Orange

Schokoschmarren

Das Ei in zwei Rührschüsseln trennen. Dotter mit Mehl, Kakao, Zucker, Topfen, Milch und etwas Rum glattrühren. Eiweiß mit einer Prise Salz steif schlagen. Eischnee behutsam unter die Dottermasse heben. 1 EL Butter in einer Pfanne aufschäumen, Masse einfließen lassen und bei sehr milder Hitze ca. 5 Minuten zugedeckt backen. Dann wenden, noch ein kleines Stück Butter dazugeben, 3–4 Minuten fertigbacken. Mit zwei Gabeln zerreißen, bei stärkerer Hitze noch kurz bräunen. Himbeeren inzwischen sanft mit ein paar Tropfen Wasser erhitzen, leicht zuckern. Den heißen Schmarren mit den Himbeeren anrichten, mit Staubzucker bestreuen.

2 Schüsseln, Schneebesen, 1 Pfanne, 1 Topf
15 Minuten
Ca. 590 kcal

Zutaten:
1 Ei (M)
60 g glattes Mehl
1 EL Kakaopulver
1 EL Zucker
1 EL Topfen (20%)
100 ml Milch
Salz
Rum
Butter
4–5 EL Himbeeren (TK)
1 TL Zucker
Staubzucker

Statt heißen Himbeeren passt auch Weichsel- oder Marillenkompott

Schneenockerl

Zutaten:
2 Eier (M)
30 g Zucker + 1 EL Zucker für den Pudding
¼ l Milch
1 EL Vanillepuddingpulver

Einen breiten Topf mit ¾ l Wasser zustellen. Eier aufschlagen, Eiweiß in eine Rührschüssel geben, Dotter in ein Glas geben, mit Wasser bedecken, kühlen, später anderwärtig verwenden. Eiweiß zu halbfestem Schnee schlagen, dann nach und nach den Zucker dazu und ganz steif schlagen.
Inzwischen kocht das Wasser. Hitze reduzieren, mit zwei Esslöffeln aus der Masse Nockerl formen, einlegen, Deckel darauf. Bei 70–80 °C 4 Minuten ziehen lassen, umdrehen, wieder zudecken, vom Feuer nehmen.
2–3 EL von der Milch mit dem Puddingpulver glattrühren. Den Rest der Milch zum Kochen bringen, Zucker dazu, Vanillemasse mit einem Schneebesen einrühren, 3 Minuten kochen lassen. Sauce auf einen tiefen Teller leeren, Nocken mit einem Lochschöpfer herausheben, daraufsetzen.

Wenn die Nockerl im Wasser sind, darf es nicht mehr kochen, sonst fallen sie zusammen

1 Topf mit Deckel, 1 Schüssel, Schneebesen, 1 kleiner Topf, Lochschöpfer
12 Minuten
Ca. 420 kcal

Beeren-Grießkoch

Milch aufkochen, Grieß unter Rühren (mit einem Schneebesen) einrieseln lassen, ca. 5 Minuten bei kleiner Hitze und unter ständigem Rühren köcheln lassen. Mit Zimt und Zucker würzen, die tiefgekühlten Beeren behutsam einrühren.

1 Topf, Schneebesen
8 Minuten
Ca. 320 kcal

Statt Milch kann man auch Kokosmilch verwenden. Dann fügt man am besten ein paar Tropfen Limettensaft hinzu und lässt den Zimt weg

Zutaten:
¼ l Milch
25 g Weizengrieß
1 EL Zucker
Zimt
3 EL Waldbeeren
(TK Beerenmischung)

Süße Zimt-Nockerl

Gemahlener, gequetschter Mohn passt auch gut dazu

Zutaten:

60 g Mehl (griffig)
Salz
1 Ei
1–2 EL Butter
Zucker
Zimt
1–2 EL Rosinen
Rum
Apfelmus

Mehl, 30 ml Wasser, Ei und eine Prise Salz rasch zu einem Teig verrühren. Wasser (ohne Salz) in einem großen Topf zum Kochen bringen und den Teig mit einem Spätzlehobel oder mit Brett und Messer zügig hineinschaben. Sobald die Nockerl an der Oberfläche schwimmen, abseihen, gut abtropfen lassen. Butter in einer Pfanne zerlassen, die Nockerln darin schwenken. Rosinen und eine Prise Zimt dazugeben, zuckern, mit einem Schuss Rum aufgießen, kurz weiterrösten. Dazu passt Apfelmus oder Weichselkompott.

1 großer Topf, Spätzlehobel oder Brett mit Messer
15 Minuten
Ca. 510 kcal

Es sind Kleinigkeiten, die das Leben einfach und genussvoll machen

Zum Beispiel mache ich alle paar Wochen einen großen Topf Hühnersuppe. Ein Bio-Huhn köchelt mit viel Wurzelwerk, einem großen Stück Sellerie extra, ein paar Jungzwiebeln, Liebstöckel, frischem Ingwer und was halt sonst noch so reingehört stundenlang dahin und verbreitet diesen herrlich heimeligen Duft im Haus. Ab und zu fische ich ein Stück heraus. Den Magen, zart gesalzen, ein Flügerl, ein Stückerl Zeller. Dann essen wir alles, was uns schmeckt, als Nudelsuppeneintopf. Was an klarer Suppe übrigbleibt, fülle ich in kleinen Einheiten zu ca. 1/4 l ab und friere es ein. Das dient mir als Basis für viele schnelle »Dinners for one«.

Anhang

Meine Basisvorräte

Im Trockenlager:

Reis (noch schneller: gekochter, vakuumierter Reis, z. B. von Uncle Bens)
Polenta (noch schneller: fertige, vakuumierte Polenta, z. B. von Sonncorn)
Couscous
Weizenmehl (glatt und griffig)
Dinkelmehl
Weizengrieß
Maizena
Semmelbrösel
diverse Hartweizen-Teigwaren
Reis- oder Glasnudeln
Rote Linsen
Schalotten
Knoblauch

Pelati oder passierte Tomaten in Tetrapack oder Dose (möglichst kleine Einheit)
Kokosmilch (kleine Dose oder Tetrapack)
Bohnen (Dose)
eingelegte Sardellen
Essiggurkerl
Marillenkompott

Obstessig (Wein- und Apfelessig)
Balsamessig
gutes kaltgepresstes Olivenöl
Raps- oder Sonnenblumenöl zum Braten
geröstetes Sesamöl

Nüsse
Pinienkerne
Gomasio (Sesam/Meersalz)

Tiefgekühltes:

Mais
Erbsen
Spinatzwutschkerl
Broccoliröschen
Selbstgemachte Hühner- oder Gemüsesuppe, portionsweise eingefroren

Gewürze:

Salz
Pfefferkörner
Thymian
Oregano
Rosmarin
Lorbeerblätter
Cayennepfeffer
edelsüßes Paprikapulver
getrocknete Chilis
Kümmel
Kreuzkümmel
Kardamom
Muskatnuss
Currypulver
Zimt
Sojasauce
Sweet Chilisauce
Bio-Gemüsesuppen-Würze
geriebenes Wurzelwerk mit Meersalz von »fairwurzelt«, gibt's z. B. in den Weltläden

Vanillezucker
Kristallzucker
Honig
Ahornsirup
Staubzucker

Im Kühlschrank:

Parmesan im Stück (in Papier gewickelt)
vakuumierter Feta
Butter
Tomatenmark
Senf
eingelegte Kapern
Eier
Marmelade
Ingwer

Meine Basisküchenausstattung

Beschichtete Pfanne, idealerweise mit Deckel
Beschichtete Wokpfanne
Töpfe mit Deckel: 1 kleiner (ca. 1 l), 1 mittelgroßer (ca. 3 l), 1 Nudeltopf (ca. 5 l)
Schneidbrett
Großes Messer
Kleines Gemüsemesser
Rohschäler
Kochstelle (Gas oder Elektro)
Backrohr
Reibe(n) mit unterschiedlichen Stärken: grob, fein, Hobel, Zesten
Kochlöffel
Schneebesen
Fleischgabel
Palette
Rührschüssel
Gummispachtel
Pürierstab oder Standmixer

Zutatenregister

Zutatenregister

Bedanken möchte ich mich ...

... bei meiner Mutter, die mir als Wirtshaus-Köchin nicht nur das Koch-Handwerk, sondern auch ihre Begeisterung dafür mitgegeben hat.

... bei meinem Vater, der seit Jahren jeden Samstag den Kurier kauft um meine Delikatessen-Seiten zu archivieren. Und überhaupt.

... bei Dani Reimitz, die so manchen Tag mit mir in der Küche experimentiert.

... bei Dorotha Altrichter, die mich bei unseren Hunderunden immer wieder zu neuen Rezepten inspiriert.

... bei Ursula Ludwig, die oftmals ihren Senf dazugibt.

... bei meinem Sohn Martin und seinem Papa Dieter, die schon viele Dinners verkosten und begutachten durften.

... bei Michael Horowitz, der an meine »Dinner Idee« geglaubt hat und es mir ermöglicht, die Rezepte Woche für Woche in der »freizeit« zu veröffentlichen.

... bei Peter Rabl, der mir als »mein größter Fan« von Anfang an Rückenwind für die Kolumne gegeben hat.

... bei meinen Lesern, von denen ich so viel positives Feedback bekomme.

... bei Barbara Wittmann, die die Dinge oftmals ins rechte Licht rückt.

Besuchen Sie uns im Internet unter:
www.amalthea.at

Fotos innen: © Theresa Schrems und Heidi Strobl
Fotos außen: © Theresa Schrems
Umschlaggestaltung: Alexander Schuppich
Herstellung und Satz: Alexander Schuppich
Gesetzt aus der DIN, Freestyle Script & PT Sans Narrow
Printed in the EU
ISBN 978-3-85002-852-3